紫微闡微錄

課堂講記

陳雪濤・著

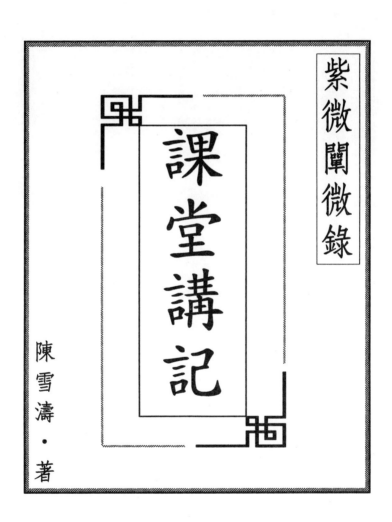

前言

《課當講記》乃一半屬講課記錄，一半是筆記心得的點錄形式，彙結成書。故此，閱讀是書，應理解此書用點錄形式，紀錄出課堂重點。需要自己去思考、觸發，自能得到完整而印象深刻的理解。

這個點錄形式富有啟發性，是筆者首次的嘗試手法，希望能收預期功效，達到啟導之功也。

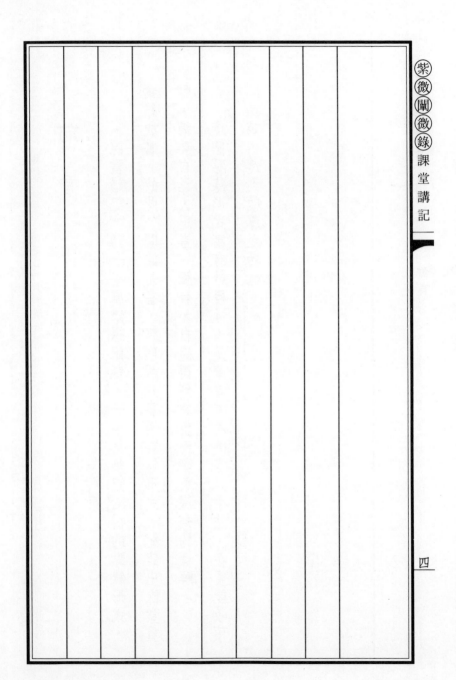

自序

這是筆者丁丑年於多倫多授課期間，由學生侯肇輝作的最初步紀錄資料，再經門人智謙、元能及緣生等協力整理，並補圖，結合了多人的心血而成，用以內部授課，並作為弟子回饋筆者的一份隆情誌念。

是書內容，以初習紫微斗數之人士為對象。

故此，若以三個月，十一節課的授課內容來說，已頗為充實。以這本書為基礎，再多作實證，並一邊做個人的筆記心得，假以時日，必可收啟迪之功。

曾經參與上課的同學，得閱此書，固可收溫故知新之效。倘未能得筆者親授，或入門未久的弟子，讀此書，可收輔導之助，亦可補足初班時，各人筆記未全之弊。

隨筆者稍久的弟子，都知道筆者上課從不依書照誦，最喜隨機發揮，依心眼意藏中流露出來的內容，任運宣讀。一則契合時宜，一則靈活變通。遇上疑惑，隨問隨答，是以，每次授課的內容都有所不同，即使同樣是講授紫微斗數初班，可以說，每次的課程內容，都有所迥異變化，深淺不一。

整理這份資料，須花許多心力。在此，謹向曾參與做筆記、校對、修訂、插圖、打字、排版的弟子，作極衷心的感激，並多謝數年來一直在背後支持與鼓勵的弟子們，吉祥吉祥大吉祥。

壬午立春日陳雪濤書於香港

目錄

第五課 十四正曜

第六課 雜曜評說

第七課　基本盤

第一課 概論

前言

紫微斗數的基礎概念，並非是宿命論調的。命，由自己去決定的。

在應用時，不同地點推算，須作不同調整。

在西方國家的實際徵驗推算中證實，**當地的時間，即爲應用的推斷時間**。

但起紫微斗數盤時，則須以**中原的時間，作爲起盤依據**。

紫微斗數起源或與印度文化有關。

貪狼、巨門、祿存、文曲、廉貞、武曲、破軍、左輔、右弼等名字，皆為古印度天星之名字。佛教大藏經內仍有一經名曰《佛說文殊菩薩與諸仙吉凶時日善惡宿曜經》，保存著這種文化。相傳紫微斗數的主臬——《紫微斗數全書》的作者是陳摶，恐怕也是假託。

紫微斗數是虛星，由琴堂五星脫胎，進而十八飛星，繼而發展成紫微斗數。

十八飛星的星盤依黃道十二宮安立而成。其法是先安主星，即依生年地支安紫微。然後逆時針方向安天虛、天貴、天印、天壽、天空、紅鸞、天庫、天貫、文昌、天福、天祿等十一正曜。再以生月安天杖、天異、旄頭、天刃、天刑、天姚、天哭等七副星。身命宮，是以天杖星順逆生時來安放的。

可見，十八飛星的體系是先安主星，再安身命宮。與現代先安身命二宮，然後再排佈十四正曜之起星方式，大有不同。

現代的紫微斗數推斷基礎，全依經驗所得逐步發展成立。下文中，筆者會簡稱紫微斗數為『斗數』，方便講解。

斗數要打破十二宮來結合推算，即理解星系的組合為主。若全部以訊號來推算，則推算結果必落支離。不能有全盤分析之能力，且易生失誤。

紫微斗數之結構，分為南斗六星、北斗六星，加上中天星主之太陽、太陰，總共十四正曜所構成。

凡主星守命之人，必有領導力，或突出之地方。

北斗之主星是紫微，南斗主星為天府，中天主星為太陽、太陰。

太陽主晝，太陰主夜。

共四星主，各個星主具有不同之意義。

如太陽主動，主發射。太陰則主靜，主收斂。

北斗星主之紫微亦主動。南斗星主天府主靜。

即一動一靜，亦各有分野。

因屬星主之關係，故必須要百官拱照，若無百官或惡煞加臨，格局反成下矣。

所謂群臣朝拱，對紫微而言，是指「天府天相」、「太陽太陰」。對其他星主而言則是：文昌文曲、天魁天鉞、左輔右弼，三台八座，恩光天貴，龍池鳳閣，台輔封誥，天福天壽等。以與主星同宮最為有力；一顆在命宮，一在對宮次之；一對在對宮射入命宮又次之；雙飛蝴蝶射入命宮又次之。太陽太陰不在三方會入，另有口訣。

最無作用者：為一在對宮，一在三方宮位會合者。

基礎術數認識

五行—木火土金水。

木—長的，方的，植物。森林不是木，要看形勢。眼，肝，內分泌系統。

火—不定形狀，熱，三尖八角，紅，紫。心，舌，小腸，神經系統，循環系統。

土—渾厚，踏實，泥土。生土為陽、死土為陰。黃色。口，胃，脾，消化系統。

金—礦物。尖的，銳的。白色。鼻，肺，大腸，呼吸系統。

水—流動，藍色、黑色。耳，腎，膀胱，生殖系統，排泄系統。

五行相生相剋—常用於疾厄，如水太盛，有眼腎病，要用剋。

運用相生相剋於各宮位。用洩不用剋。

五行屬性順序是「木、火、土、金、水」。

十天干，十二地支

干支，是古代曆法的代號。

天干：甲乙丙丁戊己庚辛壬癸。

甲丙戊庚壬——為陽天干

乙丁己辛癸——為陰天干

地支亦分五行、陰陽、方向、生肖。

地支：子丑寅卯辰巳午未申酉戌亥。

子寅辰午申戌——為陽地支

丑卯巳未酉亥——為陰地支

十二地支配十二生肖

子—鼠，丑—牛，寅—虎，卯—兔，辰—龍，巳—蛇，午—馬，未—羊，申—猴，酉—雞，戌—犬，亥—豬。

斗數為道家學術，重陰抑陽。

陰力量悠久，陽力量為急、為短。

天干六合—甲己化土，乙庚化金，丙辛化水，丁壬化木，戊癸化火。

地支三合，即三方。

寅申巳亥四長生，子午卯酉四桃花、或四沐浴，辰戌丑未四墓地。

干支紀年、紀月、紀日、紀時，必為陽天干配陽地支，陰天干配陰地支。

例如甲子，乙丑，丙寅，丁卯等順序排列下去，排到癸亥後，再從頭由甲子開始排列。這叫做「六十甲子」。

茲列表說明之：

甲子	乙丑	丙寅	丁卯	戊辰	己巳	庚午	辛未	壬申	癸酉
甲戌	乙亥	丙子	丁丑	戊寅	己卯	庚辰	辛巳	壬午	癸未
甲申	乙酉	丙戌	丁亥	戊子	己丑	庚寅	辛卯	壬辰	癸巳
甲午	乙未	丙申	丁酉	戊戌	己亥	庚子	辛丑	壬寅	癸卯
甲辰	乙巳	丙午	丁未	戊申	己酉	庚戌	辛亥	壬子	癸丑

第二課 安星法

定時與定盤

在推算斗數時，最重要是生時要準確。

但不一定出生在頭十五分鐘用地盤，中間的一小時三十分鐘用天盤，時辰尾用人盤。

總之，不準但用三時斷。此乃定盤法則，切忌一成不變。

潤月之推算

遇到潤月時，以農曆十五日做上下月的分界。

前十五日為上月，後十五日為後一個月計算。

命宮的安置

要起出命宮，需先熟用兩個口訣：即五虎遁月訣及納音口訣。

推算斗數時，最重要是五虎遁、十二生肖與地支。擇日或易占亦運用頗多。

而納甲或納音，由漢代開始。斗數用納音，不用納甲。

納音歌是由子宮開始起數。

斗數在起盤時，先要在十二宮填上十二地支，再用五虎遁找出各宮位的天干。

由五虎遁排出天干後，以寅宮起順數生月，逆數生時，定出命宮所在，再用命宮納音定出五行局數，從而起排大運及上運年歲。

五行局數定出十年大運由哪年開始上運。

納音五行局分別為水二局、木三局、金四局、土五局、火六局。

斗數按五局定數目，起大限。當遵舊制，運用時不可混淆。

命宮推算：即以生月起子，逆數至生時。

未起運前，以童運作為推算。

訣曰：一命二財三疾厄，四歲夫妻五福德。

在推斷流年時，把上述宮位作流年命宮來看，一旦起運後便不再用童運。

十二長生

五行長生：金生巳，木生亥，火生寅，水土生申。

十二長生，描述宮位。但對個性、財氣等，亦甚具準繩。尤其是絕地。

長生：活動力強、動盪，常走動，要親力親為。

沐浴：桃花，有浪漫的性質。

冠帶：開始自立，掌權。初起之威權，有小化權性質。

臨官：在事業宮或財帛宮如有吉化，權力錢財壯大。

帝旺：在高峰，不吉。守命宮，剛有即失，有努力，無收成。退而求其次。

最不宜交友宮或兄弟宮，自己比別人弱，做合夥生意不吉。

在子女宮，表示子女、親信有反叛。

衰：開始變差。於命宮，頭頭碰著黑，精神消沉，有氣無力。

病：守命宮，多困擾，暮氣沉沉。

守福德宮，思想消極、悲觀、不完滿、詬病。

死：生機更弱，悲觀而欠缺開創力。於夫妻、父母宮，主疏離。

墓：最弱。衰病死墓守命，或守福德宮，皆主內向。

絕：生機再現，但最不喜財帛宮，身逢絕地不發財，亦不喜命宮及大運。

胎：生機壯大。

養：個人不太發奮，幽潛，但向好的方向進展。

十四主星

運用紫微訣，用局數、月及日起出紫微星所坐宮位。

根據紫微星的位置，推出天府星的位置，從而根據十四主星的口訣，起出其餘十二主星，完成十四主星的分佈。

排盤是推斷紫微斗數的第一步，這是推斷命運的基礎。

只要生時和命盤準確，就可以根據星情來推斷命運了。

北斗星主：紫微。

南斗星主：天府。

中天星主：太陽、太陰。

凡星主守命，必主有領導力，個人較突出。端視格局大小而定，兼視身主。

紫微有獨坐，或與殺破狼同宮，或與天府、天相同宮等六種情況。此即星系的組合。

六吉六凶

依生月起輔弼，依生時起昌曲、空劫。

生年干安四化、天魁、天鉞。依年干安祿存，擎羊在前，陀羅在後。

擎羊為煞星，明刀明槍爭奪，為真小人。陀羅為偽君子。

年支依時起火鈴：

申子辰年生人，火鈴必在六合。

寅午戌年生人，火鈴必在相夾。

巳酉丑年生人，火鈴必不相會。

亥卯未年生人，火鈴必在相鄰。

六吉星：天魁、天鉞、左輔、右弼、文曲、文昌。對吉星有加強作用。

六凶星：天空、地劫、火星、鈴星、陀羅、擎羊。對凶星有加強作用。

羊陀火鈴為斗數之四殺，雖廟旺亦是凶星，不論落在何宮，皆有刑沖剋害之病。如在廟旺，吉星多亦福不全美。

天官天福

年干起天官，主爵祿、貴氣，氣質高雅。

守命宮加主星吉利才有爵祿。做政府工作或大公司，出身有錢。

最喜紫微同宮，也喜太陽同宮，主有貴氣。視格局大小而定。

太陽天梁同宮，易有爵祿。

年干起天福主精神享受、福氣。喜與天同同宮，守命宮或福德宮，主福澤深厚，少煩惱。

天馬

年支安天馬、天空。

寅申巳亥起天馬，流年起流馬。

天馬守命，多走動、多幻想。守福德宮，更不切實際。守命或福德宮，遇華蓋，會昌曲才較為實際，付諸行動。喜主星有力，喜化權。

天馬會火星，為火馬，速度更快。

天馬見陀羅，為折足馬。大運見，出門大忌。

天機巨門同宮，或天同天梁同宮，會火馬，不論在命宮、福德宮、事業宮、財帛宮，大忌投資投機。

六親宮位不喜天馬，表示緣薄。

天馬會陀羅在夫妻宮，為迷途馬。即胡塗姻緣。

在財帛宮，若主星差，與錢財無緣。若見重祿重權，且主星佳，投資大利。

在疾厄宮，有病變。病會走動、變化，即風疾、肝病、心病。

在遷移宮，多搬動。

在交友宮，朋友變動多。

在事業宮，宜策劃。

在田宅宮，出生和幼年時，家在大馬路旁。

在父母宮，父母經常因工作外出，少見面。

凡見天馬，要找祿存，是為「祿馬交馳」。

火星、鈴星對天馬有吉化影響。但陀羅則凶，是為胡塗馬。守命宮，容易做錯事。

絕地見天馬，是為死馬，更加不實際。主星吉利，工作亦不太高尚。即多動，而徒勞無功。

天空

天空遇有力主星如：紫微天府、化權化科、入廟太陽太陰，主其人心胸廣闊。

宜入福德宮及與吉星同坐。

天空與浮動星系，如武廉機巨坐福德宮，其人有不切實際想法。

天空若同時會照文昌文曲，才有實際思想。

天空偏向於思想怪異、大膽，為世不容。想像力極強，但不具行動力，如竹林七賢中的阮籍，性格疏狂，思想不受拘束。

天空如天馬行空，其人有無邊無際的想法，但沒有目標，沒有方向，不喜受約束。

重視精神而輕於物質，對於錢財較無影響。

旬空、截空

有陰陽之分，又有正空旁空之別。行運值此二宮之正空，均屬坎坷不吉。

年干安旬空（旬中空亡），傍空力微，正空有力。旬空力短，為耽擱，空中折翼。

年干安截空（截路空亡），突然遇障礙，影響深遠。如無煞忌，無大礙。最忌陀羅。

截空不喜坐福德宮，若加懶星如天同、天梁，主人愚蠢，思想不通，鑽牛角尖。

天廚

年干安天廚，加單星，如左輔坐命宮或福德宮，主其人貪食。正曜的飲食之星為破軍。

天廚遇破軍，加火或鈴，廚藝精湛。

天廚遇破軍，不見火鈴，識彈不識煮。

天廚遇擎羊或陀羅、化忌，什麼都吃。無品味。

天哭、天虛

年干安天哭天虛。坐或夾福德宮，主其人悲觀消極。不利六親宮。

天哭天虛夾六親宮，生離死別。主傷心流淚，耿耿於懷。

大耗

年支大耗，必相鄰天虛，主虛耗破敗。此乃安星規律。

分坐命宮及父母宮，受父母連累。

分坐事業宮及交友宮，受朋友連累。作事粗心大意，不實際。

坐命宮，體弱多病。行事不順，意志消沉。

坐疾厄宮，更甚，病情加重。

坐夫妻宮，配偶必喜花費。

坐事業宮，開創得勞心勞力。

坐田宅宮，常在屋內花費無謂裝修。

坐福德宮，大耗亦帶桃花，遇桃花星如咸池，其人心歪。

大耗、咸池、昌曲，再加桃花性重之星如紫微、廉貪，必主桃花劫。

大耗主破財，其人花錢較無節制。

紅鸞、天喜

年支安紅鸞天喜。紅鸞主桃花，天喜主增添人口。

主星無力，見紅鸞天喜，皆主桃花。如紫微無百官、太陰失地等。

命身宮見紅鸞天喜，人漂亮。

夫妻宮見紅鸞或天喜，配偶貌佳。除非遇煞忌，則必為桃花重。

但火鈴不算在內。太陽、太陰落陷見紅鸞或天喜，更漂亮。

流年田宅宮見天喜，同時見虛耗、左輔或右弼，有親友寄居屋中。

孤辰、寡宿

年支安孤辰寡宿。男忌孤辰，女怕寡宿。

流年坐田宅宮，主分炊。不利六親宮位。

孤辰寡宿逢凶增凶，有糾纏、孤立、萎縮性質。

孤辰寡宿守命宮，或會照命宮，都可以結婚。但卻過著恍若無婚姻之生活。

劫煞

年支起劫煞。原局命宮見，而主星無力，一生多災煞。

不喜陰煞同宮，嚴重有癌病、癬疥病。

不須坐疾厄宮，會照命宮也可。逢煞忌，則雪上加霜。

坐疾厄宮，則有不常見之病。

飛廉

飛廉，蜚短流長，說人是非。又，蜚廉一星意義相同。

守命宮，易招惹是非。遇文曲化忌，招冤枉是非。大運見，盡量低調做事。

坐福德宮，主說人是非，喜買無用的東西。

坐或會命宮，喜歡說話。

坐田宅宮，家中多蛇蟲鼠蟻。疾厄宮見，生蟲病，依疾厄宮的主星定何處生蟲。

破碎

破碎主瑣碎、精細。

破碎加天空坐福德宮，思想不切實際。

破碎坐福德宮，而主星有力，可做精細工作。

破碎坐事業宮，做打雜性質瑣碎的工作。

華蓋

永遠在辰戌丑未宮，可消災解厄。

坐命宮，經常先帶災禍，後解厄。

遇祿星天梁，不論任何宮位，會有九死一生事。結果無恙。

坐命宮，有出塵思想，信正統宗教。亦主孤獨，對現實生活欠缺熱誠悲觀、欠缺開創力。

見天巫，主迷信，易入邪教。

流年見，如有重病，不死。但如年事高，就得解脫死亡。再遇魁鉞，一是解脫，或經一次大困難後轉為痊癒。

咸池

桃花星，不利女性六親，恐有感情糾紛。

命帶咸池，其人相貌猥褻。

坐福德宮，好色，很易受感動。
坐夫妻宮，星曜不美，配偶出身不好。

龍德

男貴人帶來助力。
貴人襄助，逢凶化吉。有實質的好處。

月德

女貴人帶來助力。遇桃花星，加重桃花。
會昌曲，必主桃花。會合龍德可免。

天才

代表聰明才藝，但要主星有力才可發揮，並主人清秀，有風度。
喜坐命宮及福德宮。比龍池鳳閣格局大得多。

坐子女宮，子女聰明。再加紅鸞天喜，聰明又美麗。

坐夫妻宮，配偶有才藝。

天壽

坐命宮，主其人外表老成。天壽代表長命，但必要與天梁及入廟太陽同宮。

天梁坐父母宮，代表父母年齡相差大。

坐夫妻宮，亦表年齡差距大。否則易離婚或死別。

坐福德宮，品味保守，喜懷舊。

在交友宮，與自己年紀有差距的朋友很投契，與年紀相若的朋友反不投緣。

天壽遇華蓋，災難消失。再會天梁，必有大災，再消災。

一般來說，天壽坐命宮，衣飾、形態較少改變。不一定思想守舊，反主密實姑娘，假正經。加桃花星，尤甚。

台輔、封誥

依生時安台輔封誥，主地位。遇紫微，喜享受。

若為百官朝拱之主星，如太陽、太陰或天府，做事有聲勢。

若主星無力，則為負累。

單見台輔於福德宮遇煞，如大耗、鈴星，有偷竊傾向。

龍池、鳳閣

依年支起龍池鳳閣，主才藝。

在丑未同宮，力量最大。

龍池遇殺破狼星系於命宮，主耳病。

鳳閣會殺破狼於命宮，主鼻病。

六親宮垣不宜與龍池鳳閣同宮，主遭設計陷害及剝削。

尤不喜田宅宮與龍池鳳閣、陰煞、鈴耗同宮，主遭人厭欺謀害。

三台、八座

依左輔、右弼位置起排，主其人地位高。

原局命宮見，童運時做班長，或多人寵愛。

若主星化權，兒時家境富裕，可能家中有傭人。

田宅宮見遇紫微天府或太陽、太陰等主星，代表買入汽車。

大運行三台、八座運時，主發展至人生高峰。

恩光、天貴

依文昌、文曲所在宮位起星，主俸祿，貴氣。

坐太陽天梁星系於命宮，主在政府機關或大公司做事。

若主星不佳，會桃花星如天姚、陰煞，主在煙花界出名。

會入命宮或福德宮而組合不吉，其人奸狡虛偽，有秘密謀財謀利性質。但如同宮主星吉化，則為與別人交往，有度身訂造意義，能夠保守秘密。

近年，據雪濤經驗，恩光、天貴二星具有服務、私隱性質。研究昔日的太監、今日的心理醫生、義務工作者、術數師等，都有此二星。性質不良的，妓女也有此組合。

天刑、天姚

根據生月安天姚、天刑二星。

天刑為刑忌之星、天姚為桃花星。此二星一定可以會照。

天刑主自制、自律，坐命宮或福德宮，眼神帶煞及剛正。

天刑宜陽梁同宮，主喜研究及自律。但太陽失地，卻又可能自閉。總之有自刑、律己的性質。

天刑可解桃花，將桃花性化解為藝術傾向。

天姚坐夫妻宮，主與配偶一見鍾情，亦主婚後易生變化。

天姚帶柔，坐命宮，眼神爾雅、溫柔。

如某人面帶剛烈，而福德宮有天姚，主有雙重性格。

天姚坐事業宮，主有雙重工作。

天姚坐疾厄宮，主有雙重疾病，亦主疾病蔓延，禍不單行。

解神、天巫

根據生月安解神、天巫二星。

解神主分解、分開、離別。

流年疾厄宮見解神，遇擎羊及天梁，主開刀。

原局命宮見，兒時喜歡拆東西。

解神遇天馬，坐命宮或夫妻宮，婚姻不美，主分離。

天巫坐命宮及福德宮，主迷信。

田宅宮見，主童年住在教堂、廟宇、墳場附近，或幼年常接觸宗教事物。

天巫會祿馬於財帛宮，主承繼遺產。

坐父母宮，有父母性質遺傳。坐疾厄宮，有疾病遺傳。

天月

根據生月安星。

主慢性疾病。坐命宮，兒時體弱多病。

重病後流年或大運，再見天月坐命宮或疾厄宮，主變為慢性疾病。

陰煞

依生月起陰煞，陰暗之煞星，主暗藏。

命宮或身宮見，眼神帶陰沉，加不利主星，其人帶邪念。

福德宮見較差，主其人奸詐。

坐命宮及疾厄宮差，有難醫之隱藏病(在內臟或皮膚下)，最輕的情況主有暗瘡或痔瘡。

坐六親宮，對自己不誠實。

天傷、天使

居交友宮及疾厄宮。相夾之宮位化忌力量加大。

命主、身主

依年支而起。

命主：貪巨祿文廉武破武廉文祿巨。

身主：鈴相梁同昌機火相梁同昌機。

命主星旺，看高一線。身主可作風水用。

玄空古訣的丁、財、壽與此有關。

起流限

根據五行局數起出大限上運之年。從墓庫位起出小限宮位。

推算斗數時，可不理小限。

再根據年支起出斗君，從太歲所在宮位逆數月，順數時。

算流月時，若是羊陀夾，主有是非，擎羊被夾，化氣為刑，主是非出自自己。若陀羅被夾，化氣為忌。羊陀夾忌，主有麻煩事，是被動的。

年支安太歲十二神、將前諸星、博士十二神。皆有流曜。貫索加奏書，遇良好主星，如紫微、天府，入廟的太陽、太陰或天梁，打官司必勝，年月皆驗。

注意貫索、月德、大耗、博士、伏兵即可。

千萬不可忽略安星法，重要之推斷法則以及星情秘密，盡在安星法中。

如己干文曲化忌，化忌的干擾固然甚大，但由火鈴引發出來的破壞力也不小。

如辛干文昌化忌，火鈴在鄰宮或三方會照不及之宮垣，星情帶陰辣，更要懂得趨避。

要特別留意陰年、陽年之火鈴二星之排布方式。

陽年，要注意三方，相夾的火鈴力量。陰年，則要注意相鄰、差錯宮垣的隱伏牽制力量。

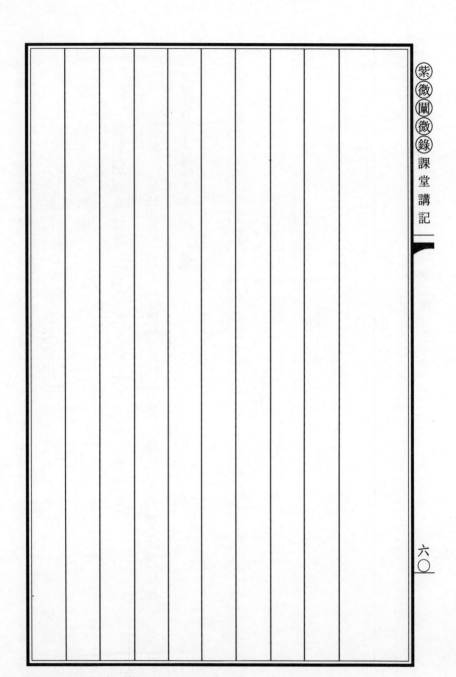

第三課　十二宮

十二宮之分析

從命宮起，逆時針數去，依次為：兄弟、夫妻、子女、財帛、疾厄、遷移、交友、事業、田宅、福德、父母。即十二宮逆排為：命、**兄、妻、子、財、疾、遷、友、事、田、福、父**。

從命宮起，順時針數去，依次為父母、福德、田宅、事業、交友、遷移、疾厄、財帛、子女、夫妻、兄弟。即十二宮順排，為：**命、父、福、田、事、友、遷，疾、財、子、妻、兄**。

一定要牢記十二宮的排布位置。

如原局宮位不美，注意流年挑起大限化忌，必生事端。

如為長男，父母宮不美，多剋應在父母出事。

若幼時，煞忌沖命宮，主自身多災難。命宮見祿存，父母很愛惜自己。

煞忌沖在福德宮、田宅宮、或父母宮，剋應都有所不同。

(一)命宮

主自己本質、外貌長相、格局，及命運遭遇、前途，是重要的宮位。此宮的三方四正關係重大。

見重祿如祿存，幼時外貌肥胖、性格嬌弱。

見煞重，容易受傷。重煞而主星不美，可能出生傷殘，或日後多勞累。

(二)父母宮

主父母及長輩，包括祖上及上司的吉凶，與長上的緣份厚薄。

可推斷父母身體、外貌長相與行業的狀況。

見單星及化忌，再有桃花星。如貪狼化忌，父母有感情創傷或父母會重婚。自身與父母宮相合而有桃花，主有不倫之戀。

(三)福德宮

主嗜好、精神、智力、思考、壽命、福份、內心世界、性格偏好、處世態度和享樂程度。

能顯示出：其人家財豐厚，卻過著省吃簡用的生活，或其人家境貧寒，卻知足常樂。

其人有那種命運，就是因為有那種思想和性格，才會遭遇到那種事情。這是最重要的宮位。

想要改變命運，得從福德宮著手。斗數十二宮垣裡，只有福德宮可以由自己作主去改變。是以，若能克服自身思想和性格的缺點，就一定能改變命運，正因為如此，才有《了凡四訓》的故事。

見擎羊，其人好爭、操勞。

見陀羅，困惑、記性差。

見病墓死絕，思想消極。

見桃花星，好色。見桃花單星，桃花重，容易淪落或放蕩。

見祿存，其人孤寒。

見飛廉，喜說人是非。

(四)田宅宮

主身處環境、不動產、儲財能力、家居環境、和家居裝璜情況，有助定盤。

原局佳，童運家道興旺。原局不吉，家道衰落。

見天同化忌最差，幼時家道破敗，如見吉星魁鉞、輔弼，可再開始。

見三台八座，在家有地位；再見恩光天貴，出生豪門。

見紅鸞天喜加虛耗星，而逢左輔或右弼，有親友寄居。

天馬會入，家居經常遷徙，或經常搬動家具、重新裝修。見天機更的。

見紫微，居地勢高處、大廈高層。

見天機，居近大街或嘈吵地方，見煞更嘈吵。

天機會火星，住家近發射站或天線多、電器多。開闊地段、車站、大路，商業地區，百貨公司。

見陽梁，住政府樓、賓館、高樓。

見武曲，為鐵為錢，家近地盤，或大銀行、工廠、百貨商店、馬會旁。

見天同，為兒童，家近遊樂場，或大水塘、水池、江河、湖海。

見廉貞，再見祿或吉化，居住華麗之地。

但廉貞遇煞則居住環境差，如街市。

廉貞為血，家近屠場肉擋、輸血站。見化忌而不太重煞星會合，地方被頑童劃花。

見天府，近醫院、工廠、墓地，住大屋。化科，屋村出名；遇煞，惡名之地。

見太陰，入廟，多花草樹木，寧靜。山谷、山石、田野。

太陰落陷，難養草木，嘈吵，風水差。太陰坐田宅宮，對風水敏感，必為破軍守命。

見貪狼，近酒色之地，或必經之路有酒色場所、雜亂之所、飲食之地、賭博，化忌或見煞更驗。

化祿，經常裝修。化忌，變舊屋，多問題。

見巨門，為管道，住近管道或隧道、溝渠。

見天相，住祖樓，或附近同樣屋宇。

財蔭夾，住大屋，多同樣的房。刑忌夾，一屋多伙，天相為櫃，多四方家具，亦多入牆櫃。

見天梁，住舊樓，買新樓也變舊。屋為父親留下、為蔭、為神位，可繼祖業，中晚年可置房產。

見天梁，再有陰暗星，神位放錯。

見七殺，為金屬。住近街市，或金屬廠、兵工廠、地盤。

見破軍，為金屬帶水。住近大馬路。

破軍化氣為耗，坐田宅宮，必破敗一次或以上。

(五)事業宮

古稱官祿宮，主職業選擇、職位高低、做事態度或行業的性質。

見文昌屬文，見武曲屬武。

見殺破狼屬動，見機月同梁屬靜。

見天機、天梁星系，以研究為主。

天機見天馬，主時時變動，宜資金回收快的行業。

見太陽，主其人光明、大方、博愛。因此，宜替人做跑腿的工作，或律師、外交官。太陽主施出，外表好看。不適宜做財務工作，因其人太慷慨，不重視金錢之故。

見火鈴、龍池鳳閣，做電腦軟件。

見火鈴、恩光天貴，做電腦硬體。

(六)交友宮

古稱奴僕宮，主與平輩、下屬、傭人、戀人、敵人之間的關係，或戀愛中的異性。

交友宮好，人緣佳。交友宮不佳，朋友多，關係不久。

如左輔右弼會入命宮，主有平輩助力。

(七)遷移宮

主出門吉凶、亦主一般的人際關係、社會地位。

依遷移宮南北斗星系定移民方向。

對宮為命宮，所以影響原局本質。

（八）疾厄宮

主健康趨勢、體質、疾病、病根。

若原局不美，流年大運會入命宮，就出嚴重問題。

最怕見天月，亦怕見煞、化忌。

推測疾病，當以疾厄宮為最緊要。先看命宮三合有無災煞等星會入。再查疾厄宮星曜之吉凶，如無受制，便無嚴重問題。

須注意六合宮垣化忌。

（九）財帛宮

主錢財強弱、順逆、生財行業及對錢財態度。

永遠會照事業宮，兩者性質接近，但仍有分別。

如太陽天梁加天月坐事業宮，主專注做事，尤對醫學有興趣。

陽梁加天月坐財帛宮，則要以行醫賺錢，平時甚少接觸醫學書。

(十)子女宮

主親生子女、心腹下屬、徒弟多少及緣份。兼看自己性能力。

見不吉星如擎羊、陀羅、鈴星，提防下屬吞併自己生意。

見火星明反叛，見鈴星暗地反叛，見陀羅暗箭。

原局見煞又見陰暗星如天月，子女出世體弱多病。須擇好大限或

流年生子女，以趨吉避凶。

看對星定子女數目，但現今不準。因為有避孕之故。

(十一)夫妻宮

主配偶的類型、相貌、體形，與配偶的關係及感情的性向。

星曜組合吉，彼此感情好。

見單桃花星，正室之外另有親密朋友。但再見入廟太陽或太陰，另作別論。

夫妻宮見入廟太陽或太陰而化忌，無礙，經過困難而得成功。

入廟的太陽或太陰、有力的紫微及天府，不怕化忌。

太陽或太陰落陷，配偶樣貌美麗，但無其他優點。

天梁與天壽同宮，配偶年齡有差距。

見天相，親上加親，或認識很久成婚。

見煞星如火鈴、擎羊，倉猝成婚。再會桃花，先同居，後結婚。

結婚後見主星不利，再見天馬，易離別。

文昌文曲同宮，自己事業不錯，配偶有助力。有太陰星系更驗，謂之「蟾宮折桂」。

見紫微星系，主領導，唯我獨尊，主配偶惡，自己遷就對方。除非自己是殺破狼星系，而又吉化有力。

見紫微天府，難離婚，再化科，更驗，或藕斷絲連。

見機月同梁星系如天機，配偶做大機構，身體弱。見落陷太陰，更身體弱。

太陰坐亥宮最佳。太陽坐卯宮最佳，坐午宮太旺，不佳。

「日照雷門」、「月朗天門」，為最佳。

夫妻宮見殺破狼星系，配偶性格剛烈。

見祿存，怕或還就對方。就算星系強，如紫微七殺，夫妻宮見天相，亦驗。

見祿存，亦主感情好及穩定，除非再遇煞。

（十二）兄弟宮

主與親生兄弟姐妹的關係、兄妹多少及緣份、合作伙伴或要好朋友的關係。亦兼看桃花。

兄弟宮佳，生意合作有利。見單星，易有異胞兄弟。再見化忌或桃花星更驗。

對星齊，助力大。祿權科會齊，格局大。

見重拖累星如陀羅、天鉞，更見化忌，主兄弟身體有缺陷。

見主星七殺，主手足有缺陷。

見機月同梁星系，如天同天月，主智力缺陷，再見單星更驗。

見落陷太陽，兄弟中有天亡或關係惡劣，甚至受累。

十二宮之基本性質，由星系組合決定。亦由原局、大運與流曜的星曜交參，組織成差錯複雜的面目，正好反映出複雜的人生。

第四課　術語淺介及基本推斷法

術語淺介

陽男陽女、陰男陰女，順行、逆行，本宮、對宮、三合宮，會照、三方四正；坐、守、踞、拱照；廟、旺、平、陷。會、見、沖、同、偕、挾、併。入、臨、破、夾輔、相鄰；同度、同躔、相守；空宮、借星、借星安宮；文曜、桃花星、刑、忌、空曜。

陽男陽女、陰男陰女：出生年干為陽的人，是陽命，陽男陽女。

出生年干為陰的人，是陰命，陰男陰女。

順行：一宮一宮的順時針方向數行。如巳午未申．．．

逆行：一宮一宮的逆時針方向數行。如丑子亥戌．．．

本宮：主事的宮位。如討論夫妻宮，夫妻宮即為本宮。討論事業宮，事業宮即為本宮。

對宮：本宮的相對宮位，如事業宮為本宮，夫妻宮即為對宮。言子，則午宮為對宮。言辰，則戌宮為對宮。

三合宮：即本宮的左右相隔之第四宮位，例如事業宮為本宮，則命宮及財帛宮便為其三合宮。

會照：星曜於三方四正相遇，即為會照。

三方四正：星曜本宮加左右合宮與對宮。

坐、守、踞：坐即為守、即踞。言本宮之星曜。

拱照：即對照、對拱。本宮和對宮相對的星曜，例如貪狼在子，紫微在午，貪狼便稱為對照或對拱紫微。

廟、旺、平、陷：言星曜的四種光亮程度，亦表示星曜在某宮位的得失情況。最能發揮星的正面力量是為入廟，吉星入廟，更加祥瑞；凶星入廟，亦主破壞力減少。最不利是為陷，將星曜不吉的性質顯露出來。吉星減吉，凶星逞凶。

羊陀火鈴為斗數之四殺，雖廟旺亦具凶煞之意義，僅稍微減弱破壞力而已。

會、見：某星行某宮垣時，遇上其他星，稱為見或會。

沖：祿、權、科、忌、煞星在三方會入之謂。

同、偕、挾、併：即主星與其他星曜同度之謂。

入、臨：星曜於三方四正相遇會入之謂。

破：本宮之星，遭煞忌沖會謂之。如祿遭沖破。

夾輔、相鄰：本宮被兩星相夾，這兩星一定在本宮的相鄰宮位。

同度、同躔、相守：兩顆或多顆星坐守於同一宮中。

空宮：宮中無主星，謂之空宮。

借星、借星安宮：本宮為空宮，而借用對宮之星曜作為本宮星曜。如同鏡子般吸納對宮星曜的廟陷意義。

文曜：泛指科星文曜，即化科、文昌文曲、天才、奏書、龍池鳳閣。

桃花星：沐浴、紅鸞天喜、咸池、大耗、天虛、天姚、右弼單星、文曲單星、恩光單星等。

刑：指天刑、擎羊。

忌：指化忌、陀羅。

空曜：地空地劫、天空、鳳閣解神災煞、正截空及正旬空。

北斗星系

星主紫微。正曜為貪狼、巨門、祿存、文曲、廉貞、武曲、破軍。

助曜為左輔、右弼、擎羊、陀羅。

南斗星系

星主天府。正曜為天機、天相、天梁、天同、七殺、文昌。

助曜為天魁、天鉞、火星、鈴星。

中天星系

星主太陽、太陰。正曜為四化，其餘佐雜諸星。

算移民方向何方較佳，參考星系強弱，從遷移宮會入而定。

南斗強到南方，北斗強到北方。

輔曜

輔曜有左輔、右弼、天魁、天鉞。

輔曜之助力為他力，被動的、自來的助力。

助曜

助曜有文曲、文昌，祿存、天馬。助力靠自己、自力，主動的。

昌曲加陽梁昌祿為聰明，但要努力、主動去開創。

見祿存、天馬，為祿馬交馳，主發財在遠方。有利移民，但要靠自己開創。

煞星

煞星有火鈴羊陀及地空、地劫。地空、地劫不是重煞。

田宅宮見地空、地劫，童運居住環境窮，或環境荒僻、空曠。

火星主速度，鈴星主暗損，擎羊主明爭，陀羅主暗鬥。

基本推斷法

十干化曜在算命中至為重要，流曜亦重要，如流年二十四曜：即

太歲十二神、將前諸星。

羊陀祿馬昌曲魁鉞，四化。

羊陀算挑煞，祿沖起算財。

天馬算移民、升職、遺產。

昌曲算官非、婚喪。

魁鉞算官非、重病。

凡煞忌，要挑起才會起作用。

流年推斷法

看當年的地支在何宮，該宮即為當年的命宮，以此論斷該年的運勢。無論看何宮，都要用三方四正來論斷。並重視夾宮。

查明中原標準時間。子時出生者要小心。

地盤用福德宮起命，人盤用身宮起命。

紫微斗數最重要的兩組星：機月同梁、殺破狼。

安星極為重要——

陽年生人，火鈴相夾或三方相會某宮位，火星挫折、損失。

陰年生人，鈴星煎熬，用以定盤。火鈴是最重要。

若火鈴相夾父母宮，則失父母；夾兄弟宮，則無兄弟，夾事業宮，與火、電有關。

陰年則為鄰宮或六合宮位，若於父母宮，則父母感情打擊重。
於田宅宮，則受家族事業所害。

博士十二神

流年博士十二神，於推斷斗數時影響不大，反而在原局的影響力較大。
斗數以星系的組合為主，輔、助、煞、化，已經具加強與轉化性質之力，加上流曜的影響，已足夠反映複雜多變的人生歷程。
博士十二神，僅有推斷得更細緻的功能。若過份鑽研博士十二神，反而會變得支離破碎，離開趨吉避凶的主旨亦遠。
是以，不宜花太多心力於博士十二神上。
訣曰：「博士聰明力士權，青龍喜慶小耗錢。

將軍威武奏書福，蜚廉口舌喜神延。
病符大耗皆非福，伏兵官府相勾纏。」

這首詩訣，已將十二神的主要作用表達出來，必須好好記熟。

尚有一些重要徵應，僅於門內授課時講解，他家不許見——

博士十二神，自祿存位起博士，陽男陰女順佈，陰男陽女逆佈。

每宮一神，視出生年和男女命來決定順逆排行之次序。

(一)博士

代表聰明、博學。

此星永遠與祿存同度，帶有孤立、固守的性質。

其實，博士守命未必真的主聰明，尤其是博士與七殺之類主動性強的星同度時，便會因與祿存博士同宮，而影響到博士主聰明之發揮。

閉門鑽研是博士所長，臨時面對，卻未必可以發揮。

喜與博士同度的星為四大主星，即紫微、天府、太陽和太陰。須記住。

（二）力士

代表權勢、勇力。

此星必與擎羊或陀羅同度，即是說，永遠有帶煞性質。

與擎羊同度，即主權勢。與陀羅同度，即具堅牢、勇力性質。

力士若為原局之父母宮。如與擎羊同度，主長輩律己甚嚴。

若與陀羅同度，主長輩固執，具成見，不易改變。若為兄弟宮，亦可由此引申。

（三）青龍

代表喜氣、聲名。

此星主喜氣、聲名、精神享受等性質，但力量並不強烈。

且青龍的面目，往往被十干四化的化曜性質掩蓋，作用力不強。

僅會合科名星、享受性的星曜時，其力始現。可謂一顆個性不明顯的小星。

（四）小耗

代表錢財損耗。

多半顯示用比人家貴的價錢，去買不值其價值的貨物。

或經常遺失錢包、證件，以致要補領和花耗時間。

一般而言，損耗不會很大，但麻煩透了。

依安星的規律，小耗必對沖大耗。因此，考慮遷移宮的選擇，便很有參考價值。

最怕煞忌疊來，而小耗又是坐空宮，便主一生做事費力而難成，且破耗甚大。

注意小耗坐空宮的實用意義。

（五）將軍

代表威福，得意。

有意氣風發、耀武揚威的性質。

最喜與科星文曜同宮或會合。

尤喜武曲化科，主技術，或行動出色，成就突出。

紫微化科，增加尊榮感。

文昌、文曲化科，才華顯露，令人羨慕。

太陽化科，有極榮耀及光芒四射性質。

太陰化科，靜靜的發露光華，不炫目，但別具懾人的吸引力。

以上諸星與將軍同度，便會增強這些性質。

（六）奏書

代表文書、福澤。

此星與揚名、見報、出書、上電視甚有關連。

與科星同會，始主因文字、文書、卷牘而揚名。

與奏星同持而無科星，在命宮僅主輕鬆、在福德宮僅主精神愉快。

流年奏書會卷舌、科星文曜，主得文字帶來之福澤。

即使會煞忌，只要福德宮有主穩定、快樂性質，便可斷因官非獲勝而帶來文書福澤。

會文曜，主文書順達，有文明之象。

會刑忌，主刀筆，古人認為是訟棍人才。即今日的律師、師爺等。會龍池鳳閣，尤確。

奏書必對拱官符，會大耗、力士等。這是安星的規律，因此必帶有主動挑釁的意味，亦具權威和大費周章之性質。

因此，與奏書同持，便主要費盡心機，和埋首工作所帶來的文書福澤。絕不會「不求自得」，此點不可不知。

（七）飛廉

主口舌、讒忌。

由原局博士十二神起出來的飛廉，力量不大，所帶來的只是不著邊際的閒言閒語，不會有甚麼實際的損害。

只有煞忌刑會合，帶來極大的破壞力，飛廉才會附在其中，而有所影響。

依年干起的蜚廉，與此星具相同性質。

當兩星同度，或會照，兩星氣質加強，才會牽涉到是非、詞訟性質。此點不可不知也。

要視整個星系組合來決定。不可僅視入何宮垣來決定其性質。

（八）喜神

主拖累、拖延。

此星必對拱擎羊或陀羅，因此其星情必主推搪、拖延及麻煩。

是不是帶喜慶性質，必須視其會合之星曜性質決定，絕不可望文生義。

「喜神延」這句訣，就是拖延的意思。

有人竄改為「喜神宴」，或認為與昌曲會合，主喜慶或典禮。

這只是將昌曲之星情轉帶過來而已，實際上喜神絕不帶喜慶色彩。

與忌同纏，尤主因事蹇留、困滯和諸事拖延，十分不利。

（九）病符

主訴病、疾病。

此星單獨而言，主災病。但必須要與天月、刑忌重遇，其力始出現。

與歲建十二神的病符重疊或對拱，其力始顯。

若本宮無煞忌，單病符一星，僅主生厭、冷淡和提不起勁而已。

（十）大耗

主虛耗、散失。

此星必與小耗對沖，但力量卻大得多，有破敗祖業意味。

大耗之破失散耗，多為災難性而雪上加霜。

若與年支安星之大耗重疊一宮，則散耗意味更甚，最要注意落在甚麼宮垣。

大耗若與桃花星會合，主因縱慾而虛耗，博士十二神與據年干安星的大耗一樣。

見陰煞、天姚，更見桃花星，定主手淫。

貪狼見昌曲，已有點昏庸意味，再加大耗，便會因投機或賭博而破耗。

七殺與大耗同度，定主主動投機而致重大破失，短時間甚難東山再起。

若機月同梁、天馬與大耗同度，則為精神衰弱、神經緊張。

（十一）伏兵

主暗中打擊，暗損。

此星在原局永不能與陀羅同度，此乃安星之規律，陀羅與伏兵永遠在三方會合不上。這便是安星法之重要。

如伏兵為命宮，陀羅只會在子女宮及父母宮出現。

坊間有書說「伏兵與陀羅同度，凡事主拖延」是錯的。

伏兵是影響力微弱的星，主暗中破壞。

若與鈴星同度，便加深鈴星暗損的性質，變成糾纏交葛的拖累。

(十二) 官符

主拖延、競爭。

此星永遠與擎羊或陀羅同宮。

與擎羊同宮，為主動去競爭和產生是非口舌。

若同宮為巨門化忌、太陽化忌，便會增強口舌詞訟性質。

與陀羅同度，主受官拖延，或受地方法制影響而被束縛。

若與封誥、鈴星及化忌於田宅宮，有「封屋」、「封碑」之應。

為加強博士十二神之星系組合之理解，玆列表以說明之——

本宮	對宮	左三方	右三方	同度或會照
博士	飛廉	將軍或病符	病符或將軍	祿存同度
力士	喜神	奏書或大耗	大耗或奏書	擎羊或陀羅同度
青龍	病符	飛廉或伏兵	伏兵或飛廉	
小耗	大耗	喜神或官符	官符或喜神	必會羊、陀
將軍	伏兵	病符或博士	博士或病符	必會祿存
奏書	官符	大耗或力士	力士或大耗	必會羊、陀
飛廉	博士	青龍或伏兵	伏兵或青龍	必對祿存
喜神	力士	官符或小耗	小耗或官符	必會羊、陀
病符	青龍	博士或將軍	將軍或博士	必會祿存
大耗	小耗	力士或奏書	奏書或力士	必會羊、陀
伏兵	將軍	飛廉或青龍	青龍或飛廉	
官符	奏書	喜神或小耗	小耗或喜神	擎羊或陀羅同度

小結

依表可見青龍與伏兵，會羊、陀、祿存三星會照不上，影響力也最小。

博士必為祿存同宮，飛廉必對拱祿存。

其餘八星皆與羊、陀、祿存會照，會對星曜性質產生影響，必須注意之。

將前十二神

訣曰：

「將星三合起帝旺，攀鞍歲驛鬼神方。

華蓋劫災天三煞，指背咸池月煞亡。」

斗數中，以此將前十二神之力最微，因此不必花太多心力在此。

（一）將星

此星主揚威，有顯揚自我之性質。

喜與主星同度，其次化權化科，皆主神采飛揚和有所表現。

（二）攀鞍

攀鞍，即上馬背的鞍踏。

遇具聲勢之星曜，如三台八座、台輔封誥等，主得榮遇與聲威。

若會合陀羅，則會陷於進退維谷，加強陀羅之阻滯色彩。

攀鞍喜與科星文曜同度，可主秀實。若僅與科星會合，近貴得益而已。

（三）歲驛

即是流年的天馬，意義相同。

（四）息神

代表冷退、有淺嘗即止的性質。

不喜與天同同度，主任人擺佈。再有桃花星會合，尤不利。

與桃花星結合，會變成任人擺佈和放浪之星，宜注意。

（五）華蓋

與年支安星之華蓋永遠同宮。

二星意義相同，實際上可減去一星以免重疊。

（六）劫煞

須視會合刑忌之星，以決定破壞力。

一般而言，俱主金錢及物質上有所損耗。

與空劫會合，劫煞之破壞力最大，必須注意。

與火鈴會合，主變化猝然而至。

羊陀夾劫煞，主受人剝削。

（七）災煞

主災難。

此星之名字頗嚇人，實際的影響力卻不大，不必擔心。

（八）天煞

此星不利男性親人。

帶有孤剋性質，尤不喜見巨門、太陽之化忌。

（九）指背

背面是非。

不喜與文曜會合，主才高招謗。

與科星會，須防惡意中傷。

（十）咸池

與生年安星之咸池同步同宮，可減省一星。意義相同。

（十一）月煞

主陰損，對女性親人有妨。

月煞、陰煞、鈴星，主性無能。

月煞、文曲或文昌化忌，主因色惹禍。

月煞、天同化忌，骨髓變異、風濕痲痺之症。

（十二）亡神

亡失、浪費。

見煞，主失物。

歲前十二神

歲前十二神之影響力，可以說是逢凶則凶，遇吉便吉。

但每星的獨立性質，仍有一定的徵應。尤其是遇上一些獨特組合時，這歲前十二神便能帶出一些星曜所缺乏的特性。

是以曾有一段時間，筆者專事研究歲前、博士及將前十二神等三大星組。因而別具心得——

歲前十二神的起星訣：

「太歲晦氣喪門起，貫索官符小耗比。

歲破龍德白虎神，天德吊客病符止。」

由於安星的規律，太歲必與歲破對沖，因此太歲與歲破的意義不大。

但當歲前十二神與明清兩代之雜曜配合同看，便可產生一些特殊格局，此為前人所缺乏者。

雪濤自移民多倫多，數年來悉心整理、研究而成，資料珍貴，敬希珍惜之——

（一）歲建

即流年命宮所在，主一年之吉凶休咎。

會吉曜，則吉慶較多；遇凶曜，則災患較盛。

歲建永遠與爵星、劍鋒、伏屍同步，然而意義各殊。

歲建若與紫微、天府、太陽、太陰同度，即為「爵星」，主是年必有獨特表現，官祿如意，有所發揮。假如煞忌刑並湊，反主才高招妒。

歲建若與其他星同度，即為「劍鋒」，主招來注目和成為別人打擊之對象，易生血光。

僅利「馬頭帶箭」，主命身高強，威掌邊疆。

若在辰戌宮與四大主星同度，有突出羅網的表現。

歲建亦與「伏屍」同步。

當星系並非主星，或本宮無主星，便主冷退，有心無力，一若重病。此時，歲建即變為「伏屍」。

具有頗重莫測之變化，帶有高度之風險性質。

(二)晦氣

為暗晦、乏勁，不穩定之星曜。

此星所在之宮垣，即具不起勁、不順暢和晦滯的色彩。

此星永遠與龍德對沖。破壞力如何，須視龍德是否與主星同躔。因為紫微三德曜有一個特性，就是與主星同度，其力始現。

若龍德與煞忌同度，又不與主星同度，則晦氣更逞其惡，全年要倍加注意此宮，看看有否借流曜沖破而肇其禍端。

該年起初，必有暗滯不順之事。

（三）喪門

喪門，是刑剋性極重之星。此星永遠與白虎對沖，會大耗及吊客，刑耗性質極重，不祥之意甚巨。

推斷流年時，當喪門躔田宅宮，便需檢視刑忌煞曜，若重疊刑忌煞曜，便極有可能是喪服之應。

若喪門守命，福德宮有孤立性質，便主其人從事凶事。如墳場、殯儀、醫院之執事人員或化驗人員等。

(四)貫索

在歲前十二神中，此星最要留意。

凡刑耗、煞忌或孤寡之星會合貫索，皆有獨特之徵應。

貫索，即古代一貫錢用的牛筋索，極之堅牢。

古代用作拘執犯事者所用，即今日之手鐐。意思相同。

貫索守命，主其人相貌似古人，老成。

貫索守福德，主其人執迷、糾纏一些意見。

若與刑耗之星同度或會合，便主官非而破敗。

如遇擎羊、天刑、貫索，為犯官非之組合。

貫索遇天月，因病臥床。

陀羅遇貫索，主羈留、困滯。

流日貫索陀羅入田宅宮，主困電梯。在命宮、遷移宮，主塞車延遲。

孕婦入命宮，主延遲產子，亦主做手術時易生阻滯不順。

貫索入六親宮有陰煞，須防有受人要脅，金錢不由自主之性質。

最怕貫索遇昌曲化忌，此乃文字獄及被人誣害的徵應。

命宮遇之，只能低調處理，盡量迴避。退半步自能海闊天空。

貫索必與「絞殺」、「捲舌」對沖，必須收斂才可免災。亦有才高招妒之應，宜小心處理問題，切勿高調。

（五）官符

即由官府頒發之通令、符節、文書。

引申即憲令、禁制令、封查令、通緝令之類，帶有官司、刑法性質。概由司法機構頒令之文書。

官符必與太歲，即「歲建」及白虎在三方相會，最怕羊刃、煞耗沖疊，易生官非不利。

官符、鈴星、天刑、陀羅及封誥入田宅宮，古人認為是房屋被查封之徵。

會火星，為火催官符，主事發突然。

會鈴星，主曠費時日和消耗金錢。

流日入田宅，僅主接收告票而破小財而已。

官符永遠與「血蠱」同步。

若鈴星、陰煞、天虛等會合官符，須防有中蠱、中降頭之應。此亦是須防不吉祥厭勝之組合。

（六）小耗

即「死符」。

此星永遠與月德同步，破壞力極大，不容忽視。

當年做徵驗統計，發覺患癌症的病人，必與月德會合。覺得很奇怪。經過深入研究，始發現與月德同步的「小耗」和「死符」，因而重新重視安星與明清之際的雜曜。

小耗固然有破財之意，但歲前十二神的小耗，尤有局部停頓之意。

當天月、天梁、小耗、天刑或龍鳳會入，便主局部痳醉。

當武曲化忌、鈴星陰煞天虛等會合，便有局部壞死或巨瘡之應。

不僅限於流月、流日也。

（七）歲破

即太歲的對宮。必與喪門、吊客相會，帶有凶耗不祥。

喜火貪，可得突然而來的殊遇。

喜午宮紫微與羊刃同持，即戊子、丙子年，主突然而來的名利，一如火貪格。

其他星曜與羊刃同持，反主競爭和是非。

（八）龍德

紫微斗數有「三德曜」，即天德、龍德和月德。

亦有「三煞曜」，即劫煞、災煞和天煞。

龍德能化劫煞帶來之不利。

天德能化天煞帶來之不利。

月德能化災煞帶來之不利。

所謂化，即這三煞帶來的不利和憂患可減至最輕。但絕不可能化解於無形，否則不合推斷的邏輯。

龍德與天巫同度，主保險，亦主賠償。

龍德與天壽同度，主重病轉為穩定。

龍德與貴人星曜會合，主得當地高官接引，有面聖之意義。

（九）白虎

白虎永遠與喪門對沖，又必與官符相會，帶有凶耗和災禍性質。

白虎具有強烈的敗面性質，又必與蜚廉同度，因此有巨大流言是非，而致面目不光彩性質。

不喜與天刑同度，主官非而破失。

不喜與天月同度，主因病而破財。

若與鈴星、文曲化忌沖疊，須防受人誣害、侮辱而面目無光。

（十）天德

必與生年支所起之天德同步同宮。因此，實際上可減免一星，以免造成重疊混亂。

喜與魁鉞重疊，主受長輩提拔，而有一人之下，萬人之上的殊榮。

（十一）吊客

吊客，即吊唁。永與官符相沖。在三方又與歲破、喪門相會，因此，便成為喪殯場面之組合。

必須刑忌重煞沖疊，其破壞力始現。

（十二）病符

主小困滯、小是非、疾病。

病符等於是病假紙。見病假紙不等於有病，必須沖會天月、天馬、化忌等，其力始現。

小結

歲前十二神，由部份星曜與安星規律去審視，即發覺其破壞力實不容忽視，且部份與明清之雜曜有同步安星性質。是以，其星情便不如表面般簡單，而是影響甚大了。筆者恒言安星法重要，便是這個原因！

第五課　十四正曜

本對合鄰定重輕

《十喻歌》云：

「吉凶最要仔細分，本對合鄰定重輕，
四面楚歌終必敗，千祥雲集自然亨。
自強才是好人家，鄰舍惟添錦上花，
若到逢源真境地，春風只可感相差。
自伐才教大可哀，兩鄰相侮未為災，
易躲當頭一棍棒，難逃左右伏兵來。」
宮位化忌為較弱，流年遇之要小心推斷。

「自伐才教大可哀，兩鄰相侮未為災。

易擋當頭一棍棒，難逃左右伏兵來。」

自伐為同宮，若見化忌遇殺，不太可怕。

又雙煞夾而中間無化忌，亦未必成為災難。

對宮加左右煞夾、化忌夾及三方遇煞，就有災難了。

紫微—怕陰柔

是斗數中最有力之主星，因此名之曰紫微斗數。

安斗數盤亦先安此紫微也。

紫微之基本性質為領袖、帝王、有領導力。

因是領袖，故具領導力，亦具決斷力。

但同時亦具主觀及愛惡凌人。

紫微不怕力鬥，故不畏破軍、七殺，即使見齊火鈴羊陀亦不懼。

但紫微怕陰柔，故紫微不喜貪狼。

例證之：若太陰在巳宮守命，疾厄宮則為紫微，其人必易有腸胃不適。即疾厄宮之紫微，受其陰柔性質之影響，故生此腸胃不適之疾，如水瀉。

若再見廉貞化忌，更易成痾痢。

若以三方四正之概念證之，則無法解釋。紫微怕陰柔之星，由此可以證實。

而紫微守命之人，若對手的強硬壓力越強越大，其人的鬥志也越強越大。唯有用感情去使紫微折服，此即領袖之個性。

而領袖一定要百官朝拱。如前述之星曜拱照，始為有力。

但若其他的對星如紅鸞天喜、咸池大耗等陰柔之群星朝拱，反成破格，不算是朝拱之局。

故紫微不怕煞忌，最怕陰柔之星曜羈縻。特別是貪狼。

凡紫微守命，有權威、頑固、內心難測、易聽讒言。

不怕四煞(火鈴羊陀)，遇煞愈強，最忌陰柔。要看是否百官朝拱，如無，就無力。

朝拱的主星是天府天相及六吉（文曲、文昌、天魁、天鉞、左輔、右弼）對齊或相夾亦可。

如紫微在午，見化祿、陀羅、陰煞等星會入，加天姚、虛耗之星會入，主貪花好色，為不良之桃花。

對貪狼，再見大耗、天虛、陀羅等陰柔星。紫微會上，性格變得優柔寡斷，說話易反悔。

紫微永不會太陰，但如紫微坐命於午，太陰坐交友，為月朗天門，紫微雖不怕化忌，但如同宮有破壞性的鈴星、拖延性的陀羅，破壞太陰的本質，主同輩朋友無助力，無知心朋友，朋友不如我。紫微守命宮，行經貪狼宮位亦不好，易有腸胃毛病。如煞重，主實症，或生腫瘤。

反之太陰守命，疾厄宮是紫微，主腸胃病。

天機——怕多變

是軍師、謀臣，反應快、機靈，多學不精，無領導力，是度橋，常改變主意。反應敏銳，做事具計劃性，性急心慈，機謀多變。

但天機有一個缺點——是永遠不能成為領袖。

因天機無領袖之領導能力，只可以計劃、策劃，絕不能執行計劃。

若叫天機守命之人執行計劃，其人必常改變計劃而多生波折。

所以，天機之基本性質是：度橋、變動！

凡天機守命，不論大運或流年，皆不宜行貪狼運限，多無謂應酬，日夜無事奔忙。

貪狼守命，行天機運，亦無事忙，但耽於酒色。

女命吉化，主性剛、機巧有權柄。

天機擅長度橋，是軍師，並不利實際執行計劃，處事必然猶疑不決。

凡天機守命，皆宜依附最有權力、最有名氣、或最有財力的機構，方能發揮所長。因此，評斷天機守命，最要看其父母宮。喜行天魁、天鉞運，方能有所發揮。

不喜見左輔、右弼，此為重要口訣。

天機坐疾厄宮化忌，主肝病。

太陽——怕發放

中天星主，亦需以百官朝拱及廟陷以定格局高下。

基本性質是發射、施予、犧牲，是施主。主貴不主富。

因太陽是施主，所以地位高。但亦因施與別人，所以並不主富。

因不收納，只是施予，故主貴，有地位，發射性，代表群衆。

太陽亦具領導力，但與紫微不同。

紫微之領導力是用才能，反之太陽之領導力則帶施與性。

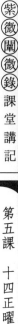

如某地教堂派奶粉，而得群衆擁護，故帶施與性質。

太陽守命，主星有力，受群衆擁護。

坐福德宮，主其人要面子。

太陽代表頭、心、眼。坐疾厄宮而化忌，主頭、心、眼有病。

太陽化科，其人喜出名。

太陽旺始於寅宮，如守命於寅與巨門同宮，定主一世忙碌。

太陽巨門同宮於福德宮，心忙、多幻想。如有吉化，愛創作及實行。

反之，太陽暗於申宮，太陽巨門守命於申宮，為落陷失地，人生少光彩。亦主光說不做。

凡太陽巨門守命，與異族有往來關係。

太陽主施出，外表好看。別人讚賞，但對己未必有利。
太陽落陷，做事反更著實、落力。
太陽化忌不利男性親人，主無緣，是非多。不受群衆擁護。

武曲—柏文曜

為財、現金，帶金屬性，宜屬金工作。帶孤剋刑忌，剛強、性格硬朗。基本性質為決斷、行動。
武曲是武將，於行軍打仗最重要為進退。故主決斷。
夫妻宮不喜武曲，特別是女命，主婦奪夫權。因女人主事當家，即是說男人早亡，或男人在家無地位。
但今日之女強人甚多，此意義或可重新釐定。
武曲主決斷，但此決斷是對事，而非對整個計劃或整件事情。

因此武曲亦無領導力。

但武曲擅於處事，並且能實際執行。

武曲守命形小、聲高、聲量大，短慮，行動、決定倉猝。

守命見祿才成格。見忌星則短慮、衝動、無準則，不理後果、無整體計劃。

武曲守命不利女命，妻奪夫權，或夫早死。

現今女命，武曲守命會祿權科，事業佳，婚姻不美。

童年見武曲化忌，主呼吸系統病。亦主腸胃不良、跌傷。

天同——福曜

水滸傳中玉麒麟巫俊義，即天同之性質，代表享受，故名曰福星。

因是享受，故可能代表財富。但不一定有財富！

弱智兒童即此星守命。

癱瘓、爆血管半身不遂，亦是此星守命者。

性質可以好、可以壞，但都屬享受。

享受是基本性質而已，未必一定是好事。

天同之享受絕非不求自得，一定要經過波折，始得好運。

如白手成家，前半生必經許多波折。

太陰天同而見祿見羊刃為的，單星太陰對沖則不一定。所以天同之享受，必然先有困難，然後克服困難，始得到享受。

天同容易與人溝通、情緒化、感情性、福星(帶點災難性)、喜幫人。

與天梁之性質相近。但天同主經過普通之掙扎，而天梁則經過嚴重之災難，分別在此。

古人不喜女命天同守命，不喜見桃花星加天梁，說是淫佚之星。因天同之享受，精神主豐滿，因此可能是淫逸。無煞反見左右，易淫逸。

但今日已有不同，可能只經過工作上波折而後有成之尅應。散盡祖業而後興，軟弱(見煞例外)、要美觀、愛享樂、懶，見煞反變禎祥，有激發力，煞太重則有重大挫折。

女命會吉星作良婦，旺夫益子極賢能。

如火星天同在重要宮位，易生巨變災患。所以不喜坐午見火星，火太重。見擎羊例外，變「馬頭帶箭」。先經艱難而後得福澤。

廉貞─柏刑囚

廉貞的基本性質為感情。

廉貞與貪狼為一對星，貪狼重物質，廉貞重精神，恰好相反。

從物慾、色慾而言，貪狼之追求往往不擇手段。廉貞則可昇華至較高層次。故廉貞可以是柏拉圖式戀愛，較浪漫。而貪狼則絕對不會。

廉貞主精神、感情，故化忌主感情挫折。

廉貞同時亦主生育，故亦主血光之災。

生育下一代，必視之為自己的延續，故主精神性，感情性。

廉貞中最易為凶為善，最難科判。化氣為囚，囚要看鈴昌陀武格局。一定要視三方四正所會合之吉星凶曜而定。

因為精神狀態之改變，永遠快過物質之改變，故吉凶最要仔細分別。

此星帶敏感性，但此敏感屬感情上。而天機則是對事物，對外界產生敏感。

感情性、政治、手段、善交際。見陰柔星如陰煞、天姚、咸池、大耗等，有陰私；見好星如文曜，主高雅，懂得享受。較貪狼為高尚。

廉貞為次桃花，輕佻，但做事一板一眼。不喜再會桃花單星，會破壞格局。

有幽默感、有娛樂性、敏感、血，重感情。生育之年宜見。

童年見化忌，有血病，再見實症星如祿存化祿，有瘡疥之病，重則有瘤。

田宅宮廉貞見陰煞，家中容易有鬼，要看命宮星旺否。百官朝拱之紫微、有祿之天府、入廟之太陽太陰，一生不會輕易見鬼。

天府—伯空曜

基本性質是庫藏、庫務司、錢庫、夾萬。

因主庫藏，故主保守。

不及紫微般有衝勁，亦不如太陽般有發射力，主收斂。

專收藏錢財落袋，其所以為主星，主要亦在收藏之力。

越收財物，社會地位越高。有如中央銀行行長，有極多之存戶需向其周轉也，所以地位便很容易提高。

與紫微、太陽之地位高不同，主要是靠收藏豐富而穩定，其主星地位及性質始得改善。

故此天府非見祿不可。不見祿即成空庫，有如海托銀行行長而已。

天府守命，不論有祿無祿，俱主謹慎、保守、小心眼。

紫微、太陽不會變成刁詐、奸狡。但天府則會，若空庫露庫，再見煞，其人必奸刁。

但求以諸般狡詐，以充實其貨庫、錢倉，所以會變成狡詐。

但若與狡詐之天機比較，則天機屬狡詐、奸刁之度橋。天府之奸狡不度橋。

即任何事發展至某階段，即貪某階段之小便宜，而不會設奸計去謀害別人，只是好貪小便宜耳。見祿亦非忠厚，再見煞就外表忠厚，心非。

庫星、財庫、銀行，做事謹慎但非忠厚、小心眼、步步為營、固定(無空劫是固定，有空劫是波動)。

逢府看相，天相好。天府亦好，亦要看破軍。

看天相，要看七殺。

最重要看是否得祿，否則是空心天府，帶些詭計。

銀行不需化科，若不見祿，見化科，再見天姚同宮，是騙人的銀行。

天府見祿，再見化科就好。

天府忌見陰煞，會謀財。

天府主穩定，六親宮見，感情穩定。

見祿坐田宅宮，家底豐厚。

天府是主星，有領導力，亦需百官朝拱。

太陰——怕浮蕩

太陰是主星，亦需百官朝拱。主藏、主靜，面方圓，心性溫和，清秀耿直。

因是主藏，故主富不主貴。主靜，主收斂。太陰守命，深沉、靜、藏。

太陰成為主星，乃在藏之力量，有力量創造財富。

與天府之保守、守財之性質不同。

太陰不需見祿亦是財星。

亦不同於武曲。武曲之所以是財，以其金屬之屬性也。

太陰之財可以持續，武曲之財則不能有持續性。

太陰發過之運限，縱使行至下一個大運，其發越之性質亦可以持續下去，推算時要注意。

若見太陰行過一個好運之後，第二個運平平凡凡，也不會打折扣。因是太陰之限，故不會差得太遠。

但若武曲行了好運，第二個運平平凡凡，則推算便相距霄壤矣，肯定大打折扣。

太陰可以順延運勢，而有更好之表現。

故此，太陰比武曲優勝之處，乃在於可以有長遠之發展。

太陰化忌之基本性質是憂慮、內心不安。而不主招怨。

太陰是主星，有百官朝拱，格局會很大。且無形的感染力極大。

見祿，要看宮位，會控制大財，但自己未必有錢。

代表女性，男命太陰守命，有點陰柔。帶女性化，除非見化權。

太陰化權代表動蕩變穩定，愈動蕩愈穩定，愈沖愈強。

守命不利女性，男命幼時不利母親，長大不利妻子、女兒。

若化忌在戌宮，惡運也會延長，見祿權科亦無用。

原局亥宮不怕化忌，愈化忌愈好。大運或流年則不利。

貪狼——怕桃花

貪狼與廉貞屬對星，全都傾向物慾。

所以嫖賭飲吹、風花雪月、琴棋書畫都可以是貪狼。

如黃霑便為火貪在寅宮守命，而詩詞歌賦便是廉貞。

貪狼亦主運動，故跳舞亦是。

天同則主音樂、廉貞是色彩之星，故可發展為設計、畫畫。

故同樣是作畫，貪狼所作之畫，一定比廉貞的色彩為弱。

貪狼多傾向於物象造型，而廉貞則傾向色彩之表達，精神方面較具自由度。

貪狼主物慾，故其桃花性亦與廉貞之性質有所不同。

火貪、鈴貪是暴發之星。

因是木火通明，同時亦帶意外財，是暴發性質。

故此凡見火貪、鈴貪，一定要注意其散的性質。一定要在未衰敗前，主動轉行轉業，始能有較持續之運勢。

因火鈴五行屬火，而火只有一陣之光燄，故不可久。

改運之道，只有及時轉行轉業，不可戀祿。

火貪之發越，較鈴貪為明亮。

如中六合彩，鈴貪發財亦無人知道。但無論火貪、鈴貪，俱主物慾。

人緣好、交際好，與廉貞關係密切。

貪狼守命宮，多才多藝，好神秘事物，性格不常，心多計較。作事急速，不耐靜，作巧成拙。

化忌坐六親宮，感情上有缺陷，可有死別。

化忌坐疾厄宮，有肉體上毛病。

貪狼主粉飾，原局坐田宅宮，經常粉飾家居。

貪狼化祿，主漸變，事業宮見，會慢慢轉變工作或行業，而不自覺。

守命，喜酒色財氣，必有其一。

巨門—怕暗蔽

巨門為暗曜，主幼年坎坷。

但巨門並非本身暗，亦可出人頭地，揚名天下，此點一定要記住。

此星並非本身無光。

名之為暗，乃此星會去遮蔽光芒，會掩蓋其他人之光芒。

此性質十分重要。尤其巨門在十二宮之經行，一定要注意此掩蓋別人之性質。

碰到巨門，並非自己黑，而是去遮黑別人，才引起是非口舌。

自己黑不會有事故發生，但去遮蔽別人、遮黑別人，必引致是非口舌。

如在戲院伸手去遮蔽電影放射之光，必然引起極大之是非口舌也。

但如自己坐在黑暗之處，燈光不足，必不會引人注意，不會因之起口舌是非。

明暗程度，要看太陽。太陽廟，巨門好；太陽陷，巨門暗。

巨門守命，喜暗中行事，為人低調，且作事進退。疑惑多，與人寡合，多是多非多麻煩，招人嫌棄。

這是一個主動與被動之關係。

由於巨門有遮暗別人之性質，即是具有蒙蔽之義。

巨門主有口才，用口才說服別人，用口才去游說別人。

凡巨門都具有說服力，故此具有蒙蔽之色彩。

子午二宮之巨門為上構，名為石中隱玉。

巨門在十二宮都帶有自我表現慾，唯有在子午宮，最少自我表現。此與子午宮會合之星天機，有極大之關係。

子午二宮之巨門，一面會合太陽，一面無星，但借會天同天梁，對面為天機。巨門面太陽，因太陽具放射，其光較難遮蔽。

加上天同天梁，一為福星一為蔭星，因此使此巨門之性質轉變，使其主動力減少。

天同是由不好轉為好，天梁是克服困難、消災解難。在此情形下，巨門守命之人便沒空去自我表現，自我之表現力自然轉為細小。

即是主動去遮蔽別人、蒙蔽別人之力量細小了。

相反地，由於受到天同天梁之影響，巨門於此二宮守命之人，要別人去發掘、欣賞，才可以看出其優點。所以是石中隱玉。

故巨門會合有力之太陽時，其暗之力量便可得以減少。

因為，古人假設太陽是全宇宙最光之星體，能解巨門之暗。

此星守命之人，先要奮鬥、要化解，然後才得到享受、平安。

做事仔細，留意瑣屑事，愛出風頭，喜好說話。

見化忌於兄弟宮或交友宮，與朋友翻臉，或始善終惡，難與朋友維持感情。暗星，出頭時會招謠惹事、是非訴訟。

天相—怕煞忌

天相是無性質之星，紫微斗數中以此星最難科判其性質。故要詳視左右宮垣之性質如何。

天相是印綬，完全依賴其環境之條件而定。非善類，因福德宮必是七殺，脾氣不好。七殺無四化，等同化忌。所以波折重覆，必受打擊。

有兩個格局要注意：一是財蔭夾印，蔭指天梁。

凡天相鄰宮一定是天梁，而梁可化為蔭，劣則為刑。此中吉凶善惡，要仔細參詳。

若財蔭夾印，則為佳構。但刑忌夾印，則劣。

刑亦可指擎羊，忌亦可指陀羅。

天相與祿存同度之格，即為劣構。可能於此刑忌夾運中，因財而招刑招忌。故天相之吉凶變化頗大。

天相之吉凶，與廉貞之變化大，亦有不同之處。

廉貞之變化大主精神方面，而天相之改變則在物質、環境方面。

古人云：逢府看相，逢相看府。

因為府相永遠相會，天府為財庫，天相為提款之印綬，此印有力，其庫始能得宜。逢相看府，同樣要見祿，因天相是印綬，中央銀行鎖匙。

故此逢府看相，若天府有力，天相失位，即是有豐厚資源，但運用卻不得其宜，亦無用也。即專去提款，但卻用於浪費之途。

故凡行天府運，一定要兼視天相。

需看巨門位。巨門化忌變刑忌夾，主受壓力和受制。

要看夾宮天梁巨門好不好，及天府和對宮破軍。

天相無本質，難定吉凶。無明顯立場，易受影響，牆頭草。

若天梁化祿，或財星在旁，即財蔭夾印，吉。

喜助人，交朋友，相貌敦厚持重，清白好酒食，衣祿豐足。

天相是印星，坐兄弟宮有對星見祿，主有孿生兄弟姊妹，但要家族具有孿生的遺傳才行。

守命或事業宮，主雙重、重覆，做重覆性行業。

敏感，坐疾厄宮，會有病變。

天梁—怕祿重

天梁為蔭星，亦為壽星。化氣為蔭，蔭護，主藥物。

蔭即是蔭庇，具消難解災之性質。即先有災難，後始化解。

最極端者，老年見天梁即主死亡。在福德宮及命宮俱主這傾向。

原因在於老年患慢性病，不如死去，反主可以消災解難。

如半生不遂、生癌、洗腎等消磨身心之病，不如死去。

所以消災解難見天梁，並非一定不會死。

天梁亦是藥物星。故吸毒、食迷幻藥亦是天梁。

天梁亦主牢獄。但凡見天梁會吉，必主能出獄。

有一日本男子，冤獄多年，但卒之亦能平反，上訴得宜而出獄。

此是天梁在午宮之例。

天梁最不喜在巳宮、午宮守命。

見天月，與藥物有關。宜做藥物工作，或多病。

坐巳，做秘密任務。坐午，見羈留星，易有重大冤獄。

天梁亦是懶散之星，帶名士風格。先招災，後化解，虛驚。

對樣樣事物都不在乎，不積極，聽任自然。

凡事聽任由劣自然發展至好，此即天梁之基本性質。

天梁與天同不同之處，是天同並無消災解難之性質。天同只是由坎坷變成享福享受而已，其坎坷絶非災難。

牢獄之災、病、被人陷害，才是災難。

而天同由一間小店慢慢捱世界，最後終成一間超級市場，此便是坎坷之意。孤剋刑忌，守命不利六親關係。

見仔細星如破碎、飛廉，其人挑剔。見入廟太陽，原則紀律。天梁會天刑，宜做紀律性質行業。

天梁為清官，怕見祿，多麻煩。喜見化權，消災。見化科，更消災。天梁見祿，權科的消災意義都不同，宜注意。

七殺─怕陀祿

七殺之性質與破軍極相似。

首先以七殺與武曲作比較：其性質最主要為衝刺、衝擊。但與武曲略有不同，雖然二星都屬武將。

武曲為武將，如同戰場上之統領，如排長、司長、將軍之類，從事統領、指揮之工作，如發號命令曰衝，曰潛伏，此發號之人即是武曲。

但是相對而言，七殺永遠是先頭部隊，是先鋒，等於是哨兵，亦等於是探子。不論規模大小，永遠是先頭部隊。

因此，七殺最大之力量為衝刺，而此力量是勇往向前，永不後退，向後行的是武曲。

所以逢七殺必衝刺，最強是衝刺力。

但七殺並非領袖，與紫微不同，亦與天府、太陰太陽之性質不同。

七殺去衝刺，可以做老闆。但七殺做老闆並非靠領導力，也非靠謹慎、運籌帷幄之管理、決斷，而是靠開創江山之衝刺力。

七殺見紫微即化為權力。遇帝為權，餘宮皆殺。此並非七殺之性質，而是發揮了紫微的性質。

明代名之為紫微駕殺，而非如今日所稱之紫微制殺、紫微化殺。駕即駕御，指皇帝駕御先鋒。即由皇帝發號司令叫七殺去衝刺，所以性質亦因此而改變。變成既有駕御力，有領導力，有開創力，亦有衝刺力。

此即紫微七殺之轉化性質，而種種轉化即形成權力，所以叫做紫微駕殺為權。

而在清代轉為紫微制殺，但不如明代之駕殺為權的意思準確。

田宅宮見七殺，家住刀處附近，即街市、拆車場、兵房附近。

七殺守命，人生必有一次或以上之重大打擊、挫折。所以不喜守命。中年行化忌大運，亦不吉。

不喜夫妻宮見七殺，重大打擊、挫折之轉化，會離婚。

七殺主大變動，守命宮或行七殺運，會突然轉不同性質工作。

主獨行獨斷，除非見重祿。

七殺守命宮，一生孤獨，六親緣份薄。見陀羅，疑心大、多慮。

會吉星、化權，有權威。能克服困難。

破軍—怕羊權

主兼，兼業、兼職。大運事業宮見，會做兼職、兼讀。

破軍化氣為耗，消耗之意。逢破軍即是消耗力量，廢力。

前鋒，開創力強，破舊立新、波折、婚姻不美。

破軍亦主衝鋒陷陣，與七殺比較，七殺是先鋒部隊之衝鋒陷陣，先鋒部隊後面尚有大軍在支援，但破軍則是孤軍作戰，孤軍深入。而破軍之衝鋒陷陣，是孤軍深入敵軍之衝鋒陷陣。

所以破軍是先破壞後建設。即使有了若干之建設後，也會再有新的破壞力出現。如此不斷在損耗，故化氣為耗。寡合爭強，棄祖發福。

破軍守命的人，永遠理想極高，永遠在衝刺，此衝刺是無止境的。

與七殺之衝刺有止境，有目標不同。

所以，拾圓在手，但去做十萬生意的，是破軍。

十萬在手，做九萬生意者為七殺，此中意義即不同了。

所以，破軍永遠在建立、開創，而建立往往不斷改變舊的主意。

破軍之衝鋒陷陣與七殺不同，更與武曲之衝鋒陷陣不同。

武曲是主帥，是主將，而破軍是不受命令，不受制的。

因此，破軍最需要得祿。得祿即是有後援，有糧餉，有軍需去補充消耗。如果不見祿，則太過孤軍深入了。

相對地，七殺不需見祿，見祿並無好處。等於一支先頭部隊耽於祿，受祿羈靡，反使進退失當。

一先頭部隊之探子往前線探索軍情，不需不斷的支援及軍餉。太多軍餉反會為敵軍所發覺而失敗。

如果先鋒戀祿過甚，更會形成外表具衝擊力，但根本不會做任何事，反成坐下無所事事。

此即七殺與破軍見祿之不同處。

不喜入夫妻宮，主有雙配偶。亦主與有家室之人追求。

小結

綜合而言，一定要知道有以下不同之性質：

紫微重精神，天府重物質。

太陽重精神，太陰重物質。

七殺重精神，破軍重物質。

廉貞重精神，貪狼重物質。

天機重精神，武曲重物質。

天同重精神，天梁重物質。

任何星曜一定有其優點與缺點，如人生亦必有得失、起落。明白星情的缺失，從而採取積極、進取的態度去改變心田或檢討自己。這才是研究紫微斗數的目的。

第六課 雜曜評說

火星

陽煞、光明、明顯、積極、熱、速度快，剛強出衆，生離死別。

原局或流年疾厄宮見，主手術。

不利原局六親宮見火星，主離別，童運便會與家人分開。

於六親宮，亦主互相猜忌，溝通不良，各持己見。

凡煞星要由大運流年化忌、或煞挑起，剋應才重，無則很輕。

命身宮見火星，毛髮多異類，男命主年少光頭，女命主有艷光。

福德宮見火星，主急躁、熱情、脾氣暴躁，比較沉不住氣，反應較激烈。

注意鈴星與火星之位置。

鈴星

陰煞、暗損、消磨、冷、快、生離死別。

「鈴昌陀武」，古書言此格溺死。但實際上亦可主大破敗，要配合其他條件推斷。

不利原局六親宮見鈴星，主互相猜忌，溝通不良。有同室操戈之意。鈴星，亦為冷漠、缺失，故不利在六親宮垣。

命身宮見，男命年少白髮，女命耐看。

福德宮見鈴星，惱人不出聲，不喜正面衝突，必尋機會暗中報復，不易善罷。

火星鈴星，毛髮異生，多怪毛。

鈴星之消磨，其持續力勝過火星。

注意鈴星與火星之位置。

擎羊

陽煞、明爭、刑傷、利器、競爭、剛強、果決，正面衝突，真君子。

擎羊主刑傷，守命易遭凶險，為利器所傷，或犯刑法。

事業宮見，可激發開創力，利競爭性，如考試、比賽，亦主其人好勝、喜競爭。

擎羊守命加天機或巨門，其人手毛腳毛長。

擎羊守命，常眨眼，或額面上，有明顯破損和傷痕。

擎羊居命宮為被動，為別人前來競爭挑剔，因其貌帶煞氣，故易招人爭鬥。

福德宮見擎羊，脾氣明見，主動生事。

擎羊主刑傷，守命者常有受傷。其傷害亦較突出、醒目。

擎羊亦利器，如與金屬之星守命者，宜從事帶煞之行業，如屠夫、鐵匠。現代社會如有帶文曜者，可轉向文化工作，如電腦維修、建築設計及美術設計等。設計需用到刀、筆、尺等，亦為帶煞之意義。

陀羅

陰煞、暗鬥、暗損、排擠、拖延。

陀羅守命宮，性格較孤僻、冷漠、頑劣、陰狠，不善與人溝通。

守命宮而煞忌重者，一旦受人欺壓，便怨恨難消，必尋機會暗中報復。亦有執迷不悟，至死不悔之傾向。

陀羅為真小人，耍小手段。除非主星吉化，如化權，變為對自己性格拖累，則未必會是小人之行了。

陀羅守命，亦主倒楣，行事不順，精神消沉。

福德宮見陀羅，做事拖延、多敗少成。

居福德宮亦為排擠他人、暗鬥別人、暗中傷害別人。

空劫

地空地劫，按起星法，子午同宮，卯酉對沖。故此四個出生時，即子午卯酉時，空劫二星力量最大。

另丑未二宮受空劫相夾，影響力亦極大。

空劫主反傳統、窮、破財、反潮流。

大忌空劫遇廉貞天府，不論任何情況下，必主破財。

命宮有化忌夾與地空夾，行運吉化亦於事無補，主其人世家難言昌盛。

田宅宮見，居住窮困地方，或荒僻地方(反傳統)。

福德宮見，破財，花錢較無節制，性格豪爽，不計較。

父母宮，見空劫化忌，過房認養，免于刑剋。

守命者，不守禮教。守福德宮者，豪爽豪情。

於疾厄宮，為奇難之症、難治或無先例可見之病。

於子女宮，則易流產，如加分離之星如天馬，則流產機會更大。

左輔、右弼

左輔為陽土，主敦厚、積極、主動。

右弼為陰水，主內斂、沈潛、柔順。

左輔守命宮較理性，右弼較感性。

二星俱不主文或武，也不主吉凶。遇文輔文，遇武輔武。

一陽，一陰，主來自平輩之助力。

左輔右弼守命，多平輩緣份及助力大。

兄弟宮見左輔，男性助力大，右弼為女性助力。

子女宮見左輔，男性下屬助力大，見右弼為女性下屬助力大。

左輔守命宮，身瘦長。其人較嚴謹。

右弼守命宮，中矮身形。其人較輕鬆。

文昌

陽。主文書、學術、文科、正途出身、文字。

偏重於刀筆功名、典章制度、文章契據方面。較為嚴謹，行事較正統，屬於經世致用的理性學術追求。

守命宮，一般有文藝修養、多學多能、博學廣記，有專業知識。

文昌乃專業知識的追求，須依同度主星之本質，來決定適合追求什麼專業知識。

文昌化忌，注意文字上容易失誤。

守命宮見化忌，多斑點。

守命宮，樣子圓潤，清秀，有風度。

文曲

陰。遇太陰為九流術士，能言善道，聰明能幹。

主文書、學術、理科、口才好、數字。

偏重於詩詞歌賦、對聯燈謎、琴棋書畫等方面的追求，偏向於生活情趣的感性享受。較為輕鬆活潑，有民間藝術的傾向。

文曲化忌，多痣，注意數字上容易失誤。

文曲守命，口才好，口角生稜，男命桃花重。

昌曲對星，主禮樂、生死。

看生死，要看下個大運或流年是否吉化，特別是田宅宮。

殺破狼好動，會昌曲，又動又靜，會破壞昌曲。

一對或雙夾會入命宮，人斯文、漂亮。

會入福德宮，人儒雅、好靜。

昌曲俱為聰明、才智的象徵。相襯科明諸曜、如天機天梁、太陽太陰等，文學上有成就。

不喜單星，在六親宮會有缺陷，單曲帶有桃花性。

天魁、天鉞

天魁為陽火。天鉞為陰火。

一陽，一陰，俱主機會，或有貴人提拔、貴人相助，逢凶化吉。

是輔曜，由較高層次的人或機構給與的機會。

坐貴向貴再見昌曲，太陰星系守命者，主少年得娶美妻。

天魁乃是上天主魁甲、魁名之星，利於科考，主拔得頭籌。

天魁遇文興文，遇武興武，即可文可武。

鉞乃斧鉞，為古代之一種武器。引申為斧削、改革、好打抱不平、除暴安良，亦有由競爭以奪取魁甲之意。

是以，天魁天鉞守命，其人氣象堂堂，有威儀。遇煞，樣子威嚴、肅殺。

貴人不臨羅網地，即天羅地網。天羅指辰宮，地網指戌宮。辰戌二宮乃陰陽滅絶之地，貴人不臨。但天魁天鉞可以相夾辰戌二宮！

天魁坐父母宮，男性上司有助力，天鉞為女性。

不論男女，天鉞容易變為桃花星。再加紅鸞、天喜、文曲、咸池、沐浴或天姚等，易變成胡塗桃花。

天鉞入福德宮，容易與提拔自己之人發生感情困擾。

天魁守命，地閣尖方。

天鉞守命，地閣方圓。

祿存、天馬

可視為對星，祿馬交馳，主發財在遠地。

重祿遇重馬，移民或與外國人做生意。

祿存為固定的財帛、穩定的收入，細水長流。

守命，有羊陀夾，被人明爭暗鬥，成為爭鬥之對象。

福德宮見祿存，執著、小心謹慎、孤寒或喜收集，長期勤儉累積所得。

事業宮見祿存，不宜經商。

祿存單星坐夫妻宮或福德宮，而不見天馬，主桃花。

祿存守命，面略肥。

會煞，神形略帶孤或心神不定。

祿存、流祿有沒有用，要視有無「祿馬交馳」，或疊祿、化祿而定，有才有用，否則無用。

天馬主流動，坐命，主離鄉別井。

坐事業宮，職業帶流動性，金融、航運亦屬之。

坐夫妻宮，夫妻少見面。

遇解神、年解或鳳閣，為離婚訊號。

與破碎同宮，工作零碎、繁雜，且奔波吃力，勞而無功。

祿存會天馬，地角飽滿。

天刑

刑法、原則、紀律、自律、自刑。壓制桃花性。

如命宮紫微貪狼見天刑，桃花重，但最後能自制。

但如桃花性太重，天刑又會變成工具，成為性工具。

命宮見天刑，利於從事紀律性工作。

亦主其人相貌硬朗，輪廓獨特。

天姚

與天刑三方會照。

遇沐浴、咸池，天刑，為淫褻之工具，天姚為桃花。

不遇沐浴、咸池，天刑變為自律，天姚為二合一。

二合一，二妻去一留一。

夫妻宮見天姚，一見鍾情。

有輔助吉曜及吉化，坐命、事業、財帛宮，因異性得財。

遇文曲化忌，桃花劫。

貫索

古時用以貫錢之繩索，斷後以多股相合而用以束縛罪犯，故有束縛之性質。

如流日見於命宮，天馬又乏力不動，將有塞車、塞船之應。

不喜見文星化忌，文人有厄。

主扣留、束縛。

與官符、白虎、天刑等會合，有牢獄之災，或主牽連，被困。

疾厄宮見煞忌，流年見，主留醫、留院。

會天月或天哭、天虛，有慢性疾病。

亦主執著、執迷、不懂變通。

天月

醫藥、慢性病。坐命宮，童年多病痛。

依主星定何病，見廉貞七殺、紅鸞天喜會疾厄宮，最輕為呼吸系統毛病，重則哮喘。天月會紫微，腸胃敏感。

會天機，輕則自閉，重則有精神病。

會陽梁，必與藥物有關，再會四吉化，做藥物行業，或醫生。

不喜夫妻宮見，一則太太做護士，或太太多病。

坐命宮，亦主做事方法招人詬病。

天月主疾病，忌入命宮、疾厄，主病情加重。

孤辰、寡宿

孤獨、獨立。此二星永遠在三方相會。

入命宮主孤獨，對現實缺乏熱忱。

男忌孤辰，女怕寡宿守命。夫妻宮亦忌見，有名無實。

孤辰、寡宿落夫妻宮，主夫妻少見面，或思想鴻溝大，有婚姻等於無，並非無婚姻。此為重點。

童年見，少時分炊。

孤辰、寡宿加天馬，主流浪。

天巫

主神怪，亦主媒介、中間人。

命宮或福德宮見，有迷信傾向，但偏向較低層次。

主遺產。第二個大運見主星疊祿會天巫，行龍德流年，而六親宮位見化忌，會有機會承受遺產。

主靈界物、媒介物，夫妻宮見，主憑媒結合。

見祿馬，會天巫，有大陞遷或移民搬屋。

晚年田宅宮或子女宮見天巫，再見祿及龍德，身家厚，有遺產。

龍德

見祿馬，主賠償。

大運流年見，有遺產或保險賠償。

主星見龍德，或祿沖起，做生意有賠償。

讀書時見事業宮龍德會入命宮，得獎學金。

具有轉運之作用，實際的得益。

解神

必與鳳閣同宮。

分解、一分為二。

不喜夫妻宮見，思想不合。

會天馬，離婚或分開異地。有分割之性質。

遇刑忌之星，主切除手術。

與天姚二合為一相反，故解神加天姚便時分時合。

災煞、**鳳閣**、**歲破**，三星必定同步，因此三星皆為煞星，與刑傷、意外、死亡有關，或與大挫折有關。而解神亦必定同步，因此要注意解神之實際意義。

飛廉

主是非。坐福德宮，說人是非。一說蜚廉，同義。

守命，主招人非議。

蟲蟻，表牙齒質地不佳及產難。

相學上亦有因鈣質不足，而牙齒灰黑色澤不佳，故易有產難。

破碎

武曲、天府、太陰均為財星，加破碎主破財。

財帛、田宅宮忌見之，否則財帛損耗，且有失意、乏味之意義。

最忌福德宮見之，不止買高價的東西，還要充面子而用錢。

指背

不喜兄弟宮，主招好友中傷。

此星守命，背後小人造謠、中傷或誹謗。

奏書

主科名，利於考試，文字喜慶。遇天魁天鉞，見大人物，古稱面聖。

四大主星加奏書，文昌文曲加化科，亦同。

流年坐奏書，可視為流年的小化科星。

奏書加龍池鳳閣，必可以文書、文字而揚威。格局低者，亦可在酒樓菜館、茶室內寫菜單介紹。

形性賦，應靠性格、往事定盤。

形格不太準確，單靠外形定盤容易失準。

第七課　基本盤

參考六十星系圖

天機 巳	紫 午	未	破軍 申
七殺 辰	7	紫微在午	酉
太陽 天梁 卯			天府 廉貞 戌
武曲 天相 寅	天同 巨門 丑	貪狼 子	太陰 亥

七殺 巳	午	未	申
天梁 天機 辰	6	紫微在子	破軍 廉貞 酉
天相 卯			戌
太陽 巨門 寅	貪狼 武曲 丑	太陰 天同 子	天府 亥

天梁 巳	七殺 午	未	廉貞 申
紫 天相 辰	5	紫微在辰	酉
天機 巨門 卯			破軍 戌
貪狼 寅	太陽 太陰 丑	天府 武曲 子	天同 亥

天相 巳	天梁 午	廉貞 七殺 未	申
巨門 辰	4	紫微在卯	酉
紫 貪狼 卯			天同 戌
天機 太陰 寅	天府 丑	太陽 子	武曲 破軍 亥

巨門 巳	廉貞 天相 午	天梁 未	七殺 申
貪狼 辰	3	紫微在寅	天同 酉
太陰 卯			武曲 戌
紫 天府 寅	天機 丑	破軍 子	太陽 亥

廉貞 貪狼 巳	巨門 午	天相 未	天同 天梁 申
太陰 辰	2	紫微在丑	武曲 七殺 酉
天府 卯			太陽 戌
寅	紫 破軍 丑	天機 子	亥

❖紫微在子午

紫微機殺獨星臨，陽梁武相巨同心，貪月二星皆獨坐，廉府空鄉駐破軍。

❖紫微在丑未

紫破天機隔太陽，隨來武殺繼同梁，獨印孤門無伴侶，廉貪獨月府孤鄉。

❖紫微在寅申

紫府天機獨破軍，陽武天同作對臨，七殺天梁廉相繼，巨單狼獨到孤陰。

❖紫微在卯酉

紫貪齊坐說機陰，孤府孤陽武破悲，天同隔二為廉殺，梁相唏噓暗獨扉。

❖紫微在辰戌

紫相君臣到巨機，貪狼日月不分離，武府天同破軍位，隔廉隔殺蔭單飛。

❖紫微在巳亥

紫殺機梁總作雙，天相單臨到巨陽，武貪同月皆成對，天府空鄰廉破場。

子午卯酉：為紫微貪狼星系。

辰戌丑未：為紫微破軍天相星系。

寅申巳亥：為紫微七殺天府星系。

廉貞、貪狼

為正次桃花，在巳亥同宮。在寅申為獨坐。

如命宮在亥，將巳宮所有星，包括廟陷性質，一起借入。注意：

十二長生不能借入。

廉貞重視精神，貪狼重視物質。

二星同坐，要看其會合星系的偏向。

有化權，偏向廉貞。

有化祿、祿存，偏向貪狼。有煞，偏淫邪。

會正空曜，如天空、地空、正旬空、正截空，甚至破碎，俱有轉化桃花之功能。轉化廉貪所有缺點，減少物質性，加強精神創作性，較踏實，減少空虛幻想。

廉貪守命，感情豐富。有缺憾，因必有桃花。

廉貞化忌，有血方面損失，貪狼化忌有肉方面損失。

廉貪化忌見天刑加擎羊，主開刀。

原局見，或大運流年，武曲化忌沖入命宮，有開刀或血光之險。

大運或流年，武曲化忌沖入遷移宮，大忌出門。

太陰、太陽

同宮守命，必一廟一陷。

無論四化如何，皆忽冷忽熱，時消極時積極。

除非見化權、化科一起會入，則例外。

宜陰陽調和，即陰陽坐丑。

落陷太陽化權，變為穩定有力。

落陷太陽化祿，陰陽不調。

凡落陷不宜見化祿，變為勞碌。

化祿後為金錢利益而勞碌，更辛苦。

陰陽坐未，太陰落陷，要太陰化權或化科方吉。

陰陽同宮，要看雜曜輔曜會入，以定陰陽影響力。

文昌屬陽、文曲屬陰。

天魁屬陽，天鉞屬陰。

左輔屬陽，右弼屬陰。

陰陽坐疾惡宮，會有甲狀腺或內分泌疾病。女性主月事異常，容易不孕。

見火鈴，心腎不交，行事怪異，有狂躁不安之徵。

見陰煞，失眠。

武曲、七殺、天府

武殺屬金屬，對天府，為持利器求財。宜做工藝、工業界。

武殺為肅殺之氣，大利武職。

見化權再遇殺，樣子威嚴、肅殺。

武曲古為金錢，現代為重型機械。見祿才為金融。

武曲為武職，武殺不宜與煞同宮，否則為武職，亦會死於非命。

只能三方會入刑煞忌，激發武殺奮鬥之心，可憑武職起家。但不能當大將。

武殺有局限性，宜做工藝、工業界。不宜工商，除非有重祿。

武殺對天府在夫妻宮，代表妻奪夫權。

不喜武殺守命，代表傷骨星系。

天同巨門亦是骨病，但是骨質變化、退化而影響神經系統。武殺則為外來衝激力而受傷。

無論武殺會入任何吉星，人生必遇一次打擊。

紫微、破軍、天相

紫破為帝王及大將，開創性必帶破耗。

反覆向上，有破壞及建設性。

看百官朝拱以決定格局，有吉拱則具建設性。無則見破壞性，敗多於戌。

天相本無本質，要看天府得祿否。

紫相盤缺陷特別多。一旦巨門化忌，影響太陽太陰宮位。

巨門化忌會天同，天同是非特多，加天梁化氣為刑，變刑忌夾紫相。

所以最差是丁年出生，或行丁運。大部份宮位都差。

紫相大忌與陀羅同宮，難出羅網。

火星、擎羊同度則可。

同宮化忌飛入昌曲亦可，經艱難後有成就。

有輔弼同度於辰戌，可助出羅網。

天機、巨門

機巨守命，主浪蕩。古時「安土重遷」，不宜移民。

古人云「**天機巨門爲破蕩，天梁月曜女淫奔**」。

機巨是浮動星，見天馬，古時為江湖浪子。是非口舌而離別。

天機機靈，巨門暗曜，守命，靠機靈口才謀生，到處浪蕩。

如天機化權，變為反應快。

巨門化權變說服力，可走演藝界。

見龍池鳳閣，口才變文筆。

天同、天梁

兩星性格相近。

同梁守命，差則為結構鬆散，好則為原則紀律。

同梁不宜見祿，見祿即成戀祿，耽於逸樂，不求上進。

宜見祿馬，發財在外地。

宜見煞，主激發。

不見煞，便帶蹉跎性質。

同梁性質為「不在乎」，帶有名士作風，有沒落王孫的意味。

天梁鬆散，偏災難性，主先災後消。天同偏向任由發展。

同梁相加，便是任由災難性發展。需視見煞抑見吉化決定其程度。古時安土重遷，不喜同梁之浪蕩。

白手興家，不藉父蔭。

同梁坐疾厄宮，主排泄系統疾病。

坐夫妻宮，因離鄉而分離，主苦戀、糾纏。

坐命而夫妻宮差，易感情衝突、暗戀或苦戀。

但行同梁運，又易破鏡重圓、或遇故人或故地重遊。

只要有穩定星曜，坐夫妻宮或兄弟宮便佳。

天同主白手興家，天梁主克服困難而後安定。

行同梁運遇天馬而離開的，會很快歸故地致移民不成。

天機、太陰

天機太陰分別在巳亥對沖，或寅申同宮。

凶為陰謀，吉為計劃、內才。因太陰與女性有關。

機陰主權術、計謀、攻於心計。落陷為的。

太陰主藏，天機主計策。二者相加，主深藏不露。

太陰天機皆浮動，再見化科，則發放性太強，反易神經衰弱。

見火星，更是古人所稱「怔忡」之疾。

夫妻宮見機陰，配偶有權術陰謀，私隱。見煞，輕則性格不投。

太陰入廟，性格不合之餘，卻是外表風光，內心冷淡。

一般天機不喜化權，化權為計劃有力，但易會流年化忌。

遇文昌化忌，文書上有問題，有是非。必帶冤枉，受人脅制性質。會桃花入命宮，須防中黃色陷阱。

遇文曲化忌，遭人欺騙。

遇巨門化忌，計劃進行中，有大是非。

遇太陰化忌，計劃有引誘性，但失敗。

七殺、廉貞、天府

廉貞重感情，天府重物質，七殺重實踐。

任何組合一起坐，都會有矛盾。

如四化不明，突顯的星情不清晰時，便成一時重物質，一時重感情，一時重實踐，以致進退失據，反覆不定。

最不宜坐福德宮。見陀羅，見祿存，更拖延和猶疑。

廉府受對星七殺沖激，有時想發奮，變為防禦性攻擊，步步為營去開創。

廉殺對天府，本宮既是感情及實踐，便成感情執著之人，最易形成自我中心，和身不由己。剛愎自用是也。

不宜夫妻宮見，不果斷，藕斷絲連。

殺廉，廉府亦同。

坐事業宮，如事業不如意，還一味等轉機，磋跎歲月。

因這星系有七殺，一生有一次或以上的打擊。多會有感情挫折，但不一定是男女之間的事。

七殺本身等於化忌，若加廉貞化忌，再會其他化忌，主「路上埋屍」。

太陽、天梁

陽梁在卯，太陽入廟，較佳。

陽梁在酉，太陽落陷，化解不到天梁的孤剋刑忌。

太陽守命於子落陷，對宮天梁，易有冤屈事。且人生不如意事偏多。

天梁守命於午，對宮太陽落陷，會有冤獄。

陽梁在卯，太陽入廟，挑起天梁解厄之特性，有化解冤屈、麻煩、困擾之效。

帶原則、紀律性質，宜公家機關任職，或研究工作。

陽梁主別離，不喜夫妻宮或任何六親宮垣。

太陽入廟，若分開，不影響感情。太陽落陷，若分開，必有怨言。

陽梁主神經、內分泌疾病。

見天月，主一生不離藥物。

太陽入廟，加助曜，對醫藥有研究和極大興趣。

不利六親宮。

武曲、天相、破軍

武相對破，福德宮必會七殺，有挫折及決裂。

武破對相，福德宮為天府，氣度深沉，謀定而後動。

因武曲短慮，武相同宮為破局，大忌火星會入，遭反面無情，亦主魯莽生災。

天相本身無明顯本質，要看天相是否財蔭夾或是刑忌夾。

若是財蔭夾，對武曲之決斷力有大幫助，將沖激變開創。

若天相差，武曲成衝動、短慮、不擇手段，眼光短。

看紫微有否百官朝拱，有則格局高一些。

亦要看太陽是否吉化或入廟，以決定天相星系的刑剋程度。

天同、巨門

感情上有陰暗面。

不喜夫妻宮見，會有第三者出現。亦主糾纏的苦戀。

會虛耗星及天月，或陀羅在疾厄宮，男命身體弱、少子息。

不喜子女宮見，主子女有陰暗面，再有病星會入，主智力有毛病。尤不喜鈴星坐守此宮。

分坐辰戌宮，不似同坐丑未宮。

坐辰戌宮，巨門怕落羅網，巨門或天同不見煞，無力出羅網。

坐丑未宮，天同巨門同落土庫吉。借星會陽梁，性質尚好，但傾向自隱、自藏和自閉。

天同主孩童、享受。

巨門主口舌、遮閉別人。

見祿，天同不會反抗巨門的遮閉，變隨遇而安，不求上進，所以不喜見祿。此為重要秘訣。

見化權、擎羊、火星，人生才比較積極。

同巨為管道，以易理類象引申為祇可行前行後，所以隨遇而安。為食道、骨髓、骨脊、神經線(較天機大)，見巨門化忌，主塞渠。

天同巨門在田宅宮，亦主水電方面之問題。

紫微、貪狼

桃花犯主。有破壞性星曜及桃花星曜會入，則為昏君。

同宮貪狼坐卯酉桃花地，桃花陰柔性質最大。

再會煞，如羊陀火鈴等，更發揮破壞性。

紫微不怕煞，不怕力鬥、正面壓迫。因為皇帝會誅九族，抄家問斬亦甚平凡，而且必有堂皇漂亮的口實。

最怕貪狼羈縻，將紫貪變為物慾、情慾性質，尤加胡塗！

紫貪會武破及廉貞七殺，結構不太好，變化很大，特別是七殺的沖擊力，容易變成為求目的，不擇手段。

凡無百官朝拱的紫微，都易追求物質上享受，且不擇手段。

在現代社會，這點已經不易發覺。

這組星有借星安宮情況出現，借星後，會天府使格局穩定，及福德宮為武破。成就會大於不借星，而財帛宮為天相。

要見化祿、化權、化科才變為好結構。

見天刑，可穩定桃花性質。

要再見空曜，才可化解桃花，但卻又變得無情無義。

紫貪的交際手段好，可憑此改善環境，但須注意其人之心性。

巨門、太陽

異族、是非詞訟。認真工作，個性執著。

寅宮旭日東升。守命較積極，成就較大。是非口舌較重，較辛勞。

申宮夕陽西下。守命較消極，成就較少。較怕事，是非少，較舒服。

如本宮無星，要借星安宮，將對宮全部星曜包括廟陷都借入。

太陽主發放，巨門主遮閉，兩星一起，主鬥爭、是非。

在夫妻宮，配偶適合異族人。

巨日坐命而星情好，有異族或外地人賞識，靠口舌生財。星情不好，受異族欺凌，口舌惹事。

巨日見化忌，招惹是非。

父母宮巨日化忌，父母或上司有是非爭奪。亦主出門時遭當地政府刁難。

武曲、貪狼

好壞難定。

浪費時間，因武曲短慮而致。發展下去是優柔寡斷，再嚴重的是衝動。採取行動時思慮不足，自食惡果。

未宮守命，借丑宮武貪者，亦可大起大落。

但一般來說是穩定，因會天府、天相，星系穩定。除非刑忌夾天相，才有思慮不足的情況。

若丑宮守命，會紫殺、廉破，動蕩性大，開創性強。

決斷力不足，物慾強，不太思考，不顧人情，帶小自私性質。

福德宮為天相對廉破，帶有反叛、無情色彩。

要決定這組星的性質，必須看天相星情是否穩定，是財蔭夾或是刑忌夾。

若不穩定，則變不擇手段及反叛。

有祿星，傾向廉破，交際手段較好。

若刑忌夾廉破，廉貞手段的能力失去，剩破軍力，便成破壞。

凡紫殺盤，要看天相、天府。

看廉破，頗難算，這類人要年年小心察看。

天同、太陰

主軟弱、主內才。會入煞星才主激發和硬朗。

守事業宮或宮見祿會煞，白手興家。若有錢，則先破後興。

亦主空虛幻想。女性見，對愛情憧憬美滿。

天同是兒童，要人呵護，故喜見煞，反變激勵。

但煞不可太重，否則波折太多。

無煞則不能興家，不求進取。

最喜見火星擎羊，大利奮鬥向上。

見火鈴相夾，或三方會入是破格，為有奮發，無成就。

見火星、陀羅，為煎熬。

天同、太陰怕見桃花星，女性會意志薄弱，容易有第三者出現。

因夫妻宮為天機天梁，有破蕩、分別、離異的色彩。

紫微、天府、七殺

進退失據。

紫微可駕殺為權，條件是要有「百官朝拱」。

對星足，才主有開創和奮發。

若無對星，紫微不能駕御七殺，變為進退失據。

不喜「祿馬交馳」，為走難皇帝、落難王孫，勞碌奔波而無成。

若為「祿馬交馳」，有朝拱、有對星亦奔波而無成。

因王帝不喜遠征奔波。紫微在未，則喜。

見祿存，不吉。

七殺是先鋒，是探子，不斷開創。

見祿主，是為費力，不喜。

天機、天梁

主別離。亦主枝節、枝葉蔓衍太多。

不喜命宮借星見，一生多波折，會離開出生地。

最喜遷移宮會太陽巨門。有祿馬，發財在遠地。

不喜六親宮位見，主別離。

大運夫妻宮見，會破鏡重圓。

不喜原局見天梁化祿，一生多波折。

大運見，該宮位有困擾、波折。

廉貞、破軍、天相

感情有反覆，或有意外事發生。

廉相對破，破軍屬水在子，最易有水之意外。

如子宮有鈴星，大忌濕地活動，易有凶險。

流年廉貞化忌，或武曲化忌會入，有血光危險，重則致命。

若廉相有天刑，流年會入擎羊，有刀傷。

廉破對相，一生反覆多，不喜再見煞，尤其鈴星。

九七年年盤之簡單推算

丁丑年，紫府在申。以立春起計。

月份以節氣決定，加流年羊陀，流四化。

正月起壬寅。福德宮為辰宮，代表人民精神生活，見武曲為短慮、不深思、準備不夠，有所打擊。

流年化忌在亥，斜射入父母宮，主長上輩有不利影響。但要流月沖起才應，整體影響不大。

二月為癸卯。

三月為甲辰，太陽化忌，長上輩有大影響，十大元老之一鄧氏去世，外交不順。六月為丁未，事業宮巨門化忌，對外統籌有大是非，收回香港。

請參書末附錄例一，九七年香港地盤之推算。

第八課　觀察命盤技巧

鈴昌陀武

正格為辰戌位。

大運或流年再見武曲化忌，會文昌化忌、廉貞化忌，主有重大挫折。感情上有問題，有自殺傾向。

留意前後月份宮位發展，如不在財帛、兄弟、朋友生問題，出門要注意。

若後月田宅有問題，如天馬遇解神，公司會解散。

在夫妻宮，配偶有重大挫折。

在辰戌位之外為變格，不大重要。

廉貞會祿及陀羅，主受困，流日見，可能塞車受困而已。會武曲化忌、文昌化忌，可有意外。

鈴（鈴星）、昌（文昌）可以是原局、大運、流年，可以四處飛。所以見文昌的機會很多；陀（陀羅）、武（武曲），亦很易碰到。

當此四星交會在辰、戌二宮，才是正式的鈴昌陀武（正格），其它的不算；即使在丑、未二宮，只是變格，其它的宮位也是。

傷害較少，不算嚴重，多數只是生意失敗，很少自殺。

這其實與福德宮的星有關。

若辰、戌二宮的「鈴昌陀武」成局的話，福德宮便是破軍，思想較易衝動。若命宮是紫微天府，只是事業宮、財帛宮見此星位，福德宮是貪狼，但因受到此組星的影響，貪狼都會較愚蠢、不理智。

所以，全組星都是由福德宮的那組星發動出來的。

因此容易自殺、受困，想不通。福德宮之重要，可想而知了。

命宮坐紫微、天府，最易成此格局，當想不通便會自殺。

陽梁昌祿

正格在卯宮。可推斷何年考試最有利。

在事業宮、命宮、福德宮，讀書大利，競爭取勝。

變格太陽入廟坐午，考試競爭得利，最宜不斷考試的行業。

若太陽落陷在子，就算會足陽梁昌祿，考試亦難得成就。但間中會天梁吉化，太陰吉化、太陽化權、文昌化科，才能在流年讀書有成。但想要揚名立萬，則甚難。

若在酉宮會成，考試並不大利，變為太陽天梁主別離。

加祿更重，讀書會半途而廢，除非見文昌化科，會在偏門學問有成就。但亦主專門專學上有成，或在學院內任教。

陽梁昌會化祿，代表本質已變。

陽梁昌會祿存，為正路，不斷追求理想目標，公正。

陽昌會天梁化祿，好像公正，但其實不是，所以不被信服。

陽梁昌祿正格在卯，因有文昌，主口試會得利。

陽梁昌祿的星，因與祿存、天馬、文昌有關係，如不主動去考試是不成的。這不是貴人的星，要自力。

成了陽梁昌祿格，要去競爭、爭取。如靠人發掘是完全沒有用的。一定要主動，才有所發揮。

要被人發掘，必須靠天魁、天鉞。

陽梁昌祿是學術方面，較為文教性質。

若成了此格，定要很辛苦、用心去讀書、爭取、競爭，如不主動努力去爭取，則白白浪費了此格局。

陽梁昌祿為文才，陽梁曲祿為理科，靠口才。

祿可以是祿存或化祿，但不可有空劫同宮。

明祿暗祿

在六合宮位。

如命宮見祿存，父母宮見化祿就是：一生不憂金錢，可能父母留下。

若遷移宮見，宜出外求財。

化祿比祿存好，因祿存會戀祿過甚，反而懶惰。

化祿則會積極求財。

祿存為細水長流式，化祿為努力爭取。但都不為大富之命，要大運見火貪、鈴貪才是。再見化忌，為祿沖忌，有官非。

明祿、暗祿，亦需要看天馬。

當天馬沖射到明祿、暗祿都有用。

沖著明的，先由那處發動，再去發動他處。

若沖著的是事業宮，要先做好本身的工作，下屬才會依附你。

但若沖著暗的，便較辛苦。要先討好、服侍自己的下屬。

這便是看天馬在哪裡，便由那處作主動。

鴛鴦祿合

祿存守命，三方四正再會化祿；或化祿守命，三方四正會祿存。

加上沒有四煞沖破及空劫會上。容易有錢，不奔波，但不一定很富有。

在命宮三方會到祿存或化祿，要沒有忌沖破才有用。

有煞沖到，只是增加競爭。總之，沒有化忌便可以。

鴛鴦祿合要看化祿在何處，因為化祿的宮垣便是力量的發動處。

科明祿暗

六合宮位見。如命宮化科，六合宮見化祿或祿存，表示名聲由本事得來。

不會因失去財富而失去名聲。

先有名，再有祿。

不會因失財而失聲名，即使全部的錢都沒了。

但若沒了名聲，金錢亦因此而失去。所以，最重要是保持好的名聲。

錢沒了會再來，但名聲沒了，科暗了，錢也沒了，便會失去一切。

祿明科暗

命宮化祿，六合宮位見化科，名聲由金錢得來，失去財富就失去聲譽。

古時用錢買功名或官位。失了財後，連功名都沒有了。

因為科是暗的，所以你的科名是有極限的。

亦不會因你的名不夠大，而影響到錢財。

刑忌夾印

天相必為天梁及巨門所夾。

若巨門化忌或有煞，天相便無力，會受牽連，受困，易被人攻擊。尤不喜空劫，煞若與天相同度，主空洞，招妒。

擎羊化氣為刑，陀羅化氣為忌。

天相為印綬，遇祿存同宮為刑忌夾印。主受壓力、受連累、受牽制。

原局見，一世受壓、受累。

若對宮化忌，即為羊陀夾印沖忌，一定出痲煩困擾。

且其痲煩必因外人或外在因素而起，自己則處於被動及受人牽制的境地。

所以，天相永遠是攻擊的目標，特別是刑忌夾印的時候。

天相是印星，要看天府有沒有財，要看對宮破軍是否吉化，天相才有錢。

天相對面的星有吉化，掌上的印才是真正有錢的。

假如巨門化忌，或有殺忌，都算是刑忌夾印，受到壓力，印綬便沒有力了。受到牽連，因天相不是主動做任何事，也沒有力的。

因此，天相守命，面型向前的人，做事比較積極、主動。但心臟多有問題，因較操勞，而且皮膚比較粗。

面型向後的人，多數是勞心較多，皮膚比較光滑，但容易神經緊張，精神分裂比較多，較易有手顫、胃痛。

所以有時看面相，也可知道做甚麼工作較合。

財蔭夾印

前天梁、後巨門，夾天相。

若前化祿或祿存，後面不是化忌，是為財蔭夾印。

若夾命宮，一世受人提攜，常遇有貴人扶持。

即使流年或大運有遇刑忌夾，也無礙。

不好的地方是太溺愛，不理他人。

如在子女宮，會溺愛子女，反成拖累。

天相對宮為破軍，代表波動大。

若不見祿，此天相即為化忌。

祿代表益蔭、照顧。最喜在命宮。

所以丁年出生者，原局太陰化祿，巨門化忌夾印，最易祿挑忌，為較差的組合。

財蔭夾印，是為受到益蔭、照顧、溺愛。

當田宅宮出現益蔭，亦同時受到殺忌時，特別是天相在田宅宮，千萬不要亂叫人看風水，寧願自己擺風水。

茅山風水，是有缺陷的。

當益一樣東西，便損另一樣東西。

可能擺風水完後有錢賺，但夫婦感情、子女、兄弟受損，接著錢銀便會有問題。

機月同梁

「機月同梁作吏人」。亦須留意田宅宮必會七殺。

如辰宮紫微七殺，紫殺機梁總作雙，宜大公司做事或公務員，有化權、化科或百官朝拱，就有權勢。

因田宅會七殺或破軍居田宅宮，主服務機構或自組公司，亦主受挫或起跌大，所以不宜經商。

大運或流年見，不宜開創。

機月同梁作吏人，其實沒有貶的性質。

如：曾蔭權、陳方安生都是這格局的人。都是在大公司上班，沒有甚麼特色，所以叫吏人。人家叫他做甚麼，他便做甚麼，有因循，按本子辦事性質，所以最宜做公務員。

這組星之田宅宮一定是見殺破狼，所以不宜經商。殺破狼一定會受到打擊。

除非懂得利用斗數或風水以趨避。

只要在大運、流年去趨避，是可以避免打擊的。

例如：主動去拆了公司，或把公司改名，或在那年移民，便可以化去打擊。

所以，當流年遇重煞，一是轉公司，一是改組，或大的改動，如九龍搬去香港，或香港去加拿大，一定要重新開始，很易化解的。

吉星齊

六吉星：即天魁、天鉞、左輔、右弼、文昌、文曲。

可再加祿存、天馬。

見單星，無力、不全面，偏向一方，猶如見煞。

通常指文昌、文曲；左輔、右弼；天鉞、天魁；祿存、天馬。每組都要兩者見齊才有用，才全面，不能單見。否則是煞，或有問題。

例如只見祿存，不見天馬，為人吝惜。做事猶豫、膽小，祿存不好之處完全見齊。

祿存的好處：若是流年見到，人會飽滿，即是肥；若是行足廿年，更加飽滿。除非見到空劫，才會變回瘦，因為空劫的力量很大，把原來的好處、本質都改變、破壞了。

所以財祿的星，最怕見地空、地劫。

不管斗數盤見入祿或化祿，一見地空、地劫便要小心，是最大的凶劫，破壞力很強。若遇此情況，千萬別擴大事業，或採取進一步的行動；相反，應主動返轉頭，重新做過。

刑囚會鈴

廉貞天相在午。

丁年生人，或流年大運丁年，巨門化忌、天相見祿，被刑忌夾。

就算廉貞見祿，再會鈴星，更壞，為刑囚會鈴。

當文昌化忌，或文曲化忌，或廉貞化忌、武曲化忌，沖入，就會出凶險之事。

鈴星會擎羊：殺傷力最大。

鈴星會天刑：殺傷力不是很大。

鈴星會廉貞：會很差，是一敗局。

往往是慾望太深而招致失敗。

例如：廉貞、天相在午宮，丁年生人，甚至丁年的大運，見到鈴星，都是因太貪心而引致很大的挫敗刑罰，嚴重的會有官非，輕的會有是非。

所以單看鈴星、擎羊已足夠。

兩星成一格，其它任何星都會受到它的破壞，特別是那星不夠力去抵擋此煞時。如果那星夠力是無所謂的，只是代表競爭。

例如：化權。

任何星化權，便可以抵抗鈴星、擎羊。除非是再遇化忌，才差！

破軍暗曜

暗曜為文曲化忌。

破軍在亥子丑(水鄉)，破壞力最大。

再會文曲化忌，將破軍最惡的一面帶出。

破軍無化忌。但會廉貞化忌、武曲化忌、文曲文昌化忌則成格，為「破軍暗曜共鄉，水中作塚」。古人謂行船騎馬、溺斃意外。

現代社會則注意雪地行車。

在子午二宮主外地意外，特別是武曲化忌，最凶。不出門可化解。

如破軍在亥、子、丑宮，又遇到文曲化忌，在外地有危險。在遷移宮遇到文曲化忌，特別凶險，克應之期，可以是大運，可以是流年。

趨避方法，便是在大運或流年，減少出門。或出門時要看緊流月，看田宅宮、遷移宮有無事。

破軍暗曜，是指破軍在亥、子、丑宮。

遇到文昌化忌，或文曲化忌，水中作塚，很易死亡，所以要特別留意。

逢府看相、逢相看府

加「逢府看殺」，「逢相看破」。

注意太陽太陰之廟陷情況。

逢府看相，逢相看府是假的!!

真正的口訣是「**逢府相，看太陽**」。

太陽永遠是影響天梁、巨門。而天梁、巨門永遠相夾天相。

太陽入廟，即是天梁、巨門吉化了。

換言之，天相亦變得有光有熱，局面得到提升。

天相行到太陽入廟的位置，那些位置就算是大運，都是吉化了。

所以太陽、太陰入廟，格局就高了很多。

因為殺破狼已是吉化了，這是最自然的事。

而天府要看對面那粒星，七殺。

天相看對面那粒星，破軍。

同星系的星都要看。

另一較高層的方法是看太陽、太陰。

羊陀夾忌

火鈴夾忌同看。

如火鈴夾化忌，或流昌流曲飛到，流月行到該宮，都易有官非、刀傷、災害。

決定其性質，要從主星看。

雙忌夾，一樣凶。羊陀夾忌、忌夾忌、火鈴夾忌，若本身是化忌，最怕不知不覺地化忌。

三煞照

火鈴羊陀其中三粒。注意鄰宮火鈴二宮之影響。

陰年出生只有三煞照，陽年出生有四煞照。

田宅宮三煞照，宜炒樓。

命宮見三煞，是非爭奪煩惱多。

本、對、合、鄰、定重輕。

看流年時月日時

以流年地支命宮，所處天干起四化。

由流年命宮逆數生月，順數生時，找出流年正月順行一月一宮。

查萬年曆，得月份天干地支，衹用天干作四化。

從流月命宮起初一，順行。一日一宮。衹用天干。

以流日命宮起子時。

余綺霞盤

天同為福星。經遇煎熬，後有福蔭。但要無煞刑會入才的。

巨門喜金木，辰戌為凶堂。

對宮化忌，天同有缺陷。

鈴星守命，一生易有很難忘創傷。

辰戌位見巨門、鈴星為反背，經煎熬後有佳境。

福德宮見入廟太陽，人樂觀，不斷向上，永不服輸。

太陽見祿存，知慳識儉，主星天同加太陽，樂天派。

父母宮是武破，見陀羅，會火星，童年父蔭不大。

因陀羅會天馬，胡塗助力。

田宅宮天府遇擎羊，紫貪見火星會入，煞重又不得祿，童年家境不好。

但擎羊加火星，可將煞經磨練後互相抵消，所以家境慢慢變好，用童年第一運四化看變化。

事業宮天機太陰，屬機月同梁變格，宜大公司做事，又宜演藝界。

財帛宮太陽天梁主離別，有祿則轉為專業的、不定期工作。

交友宮遇煞，火星見陀羅，紫貪破格，朋友酒色財氣，無真心。

有火星，易識朋友。有陀羅，暗損。

巨門在遷移最忌，輕則有是非，重則意外。

疾厄天相無本質，見天馬、陀羅、擎羊、借星見火星，變化大。

天相主病變，見天馬加重性質，飛廉主肝毛病。

子女宮三煞照，廉貞又不得祿，生產困難。

夫妻宮祇見單星右弼，桃花性重。又單見文曲，桃花帶有欺騙性，見巨門，有難言之隱。

對宮太陰落陷，計劃變詭計。天機化科，配偶聰明。

因丁年出生，原局差。

一九五七年出生，兄弟宮紫貪見煞，兄弟數目不多。見天魁天鉞，可加；命宮又見齊昌曲，兄弟數目又再加多。

首運甲廉破武陽：廉貞化祿會入田宅宮、父母宮，父母宮又破軍化權、武曲化科會齊，父母發跡。

一九七七年廿一歲

乙運機梁紫陰：紫微化科，坐事業宮，對星亦算齊，有聲有色。

但有煞星，會有波折。

流年丁巳，兄弟宮巨門化忌，兄弟朋友對自己暗損大。

大運夫妻宮見祿存，會紫貪火星、擎羊，紫微化科，公開拍拖。

一九八〇己未年

流曲化忌飛到巳宮夫妻宮，遇煞，破壞性加大。

秘密訂婚，算是非禮成婚。

一九八一辛酉年

大運丙午，流祿在巳，夫妻宮遇鈴星加化忌，拖延性大。

再加大運陀羅，夫妻感情不好。會入福德宮，精神受困擾。

丙運廉貞化忌坐疾厄，主血光危險，流昌飛到申宮化科。

原局天機化科變化權，性質變穩定，主出名。

一九八八戊辰年，天機化忌會入命宮

借星之後，挑起化忌，有殺傷力地會入命宮。

流年疾厄天相，無本質，主病變。要過大運後才改變。

戊午月甲辰日，正月起寅宮，五月是午宮，初五為戌宮，為最差宮位。

五月份天機化忌，初五太陽化忌，原本入廟太陽可解天梁孤剋，現太陽化忌亦可，但已變後患。天梁蔭力在，死不去。

重祿及鈴星，代表其人骨髓有毛病。

巨門化忌，代表管道，脊骨問題。

癌症七星

天月、天德、陰煞、劫煞、天刑、天虛、大耗。

不會見齊，見到四粒便要小心。

特別是主星化忌，再見拖延性星。

精神性疾病看福德宮，實質性疾病如腫瘤等看疾厄宮。

身體缺陷看命宮，身主天同，注意天同在原局影響。重要性加大，加重吉凶。

女性巨門化忌特別難定盤，因會反駁。

可參考書末附錄，例二——余綺霞命盤。

第九課 十干四化

化祿

為陰土。食祿、財祿、忙碌；為收穫、得利、享受，有人緣。

化祿忌四仲，所以不喜在子午卯酉宮，為最弱。

祿主纏於弱地，發不主財。重祿在弱地，就算是化祿遇祿存，亦辛苦做，不進財。火貪格例外。

不喜見化忌，為祿逢沖破，吉處藏凶。

如流年化忌，沖入化祿，或原局化忌變化祿，好境中見是非、官非。

化祿喜見祿存，有流通之陰土，化祿才有用。

不見祿，用處不大，亦未必成富。

喜見武曲、太陰、天府化祿。化祿代表順利，財帛，利益。

六合宮位見化祿，代表感情和好。對六親好，有情義。

化祿在疾厄代表實症。

不喜見地空地劫、化忌，不主財帛，為破格。

先祿後忌，或先忌後祿，皆不宜。

化權

為陽木。為權力、地位；為自負、霸道、專制、固執、不服輸。

喜見地位星，如太陽太陰、紫微天府。

以前有權就有地位，所以命宮化權就有地位。

現在地位可以買來，所以未必有地位。

任何星曜化權後，就變得穩定、實際行動。

若天機太陰等化權，代表計劃很順利地進行。

化權，大利計劃和管理。

化權會化科，結構最佳，比會化祿好。

主星性威如紫微，化權威望更高，有咄咄逼人之勢。

但氣質更惡，不太佳，因缺點多於優點。

化權，一般為行動實際。

化科

為陽水。代表聲譽、名譽、聲望、平順、學問、清白、高尚、解厄、氣質好。

古時喜見文星化科，如文曲、文昌、太陰化科，可由讀書出身為上格。

現今最喜財星化科，如太陰、武曲、天府化科。

化科代表張揚，大忌化科挑化忌。

即原局化忌變為化科，或原局見化科，再遇化忌，表示醜事傳千里。

古時凡科挑忌，特別丁年出生，主受小人或宦官陷害，受文字獄。

化科代表出名，有學術修養，所以樣子會神足氣定，有信心。

流年流月見，精神開心。忌見地空、地劫。

化忌

為陽水。代表障礙、虧欠、疑忌、凶險、忘失、收藏、凋蔽、不順、隱伏、缺點、不良性質。

內心多勞多慮，特別是天同化忌，為只有付出而得不到回報。

在六親宮位代表是非，有缺陷。特別化忌同宮見天月。

流年代表失敗、挫折。

兄弟宮見，不宜合夥做生意。

化忌守命，樣子冷靜。

喜日月反背格局，即在辰戌宮見太陰太陽，二星落陷。見化忌為衝出羅網，稱為反背。

如是兄弟宮反背，利合夥生意，會經大困難後有成就。

如命宮見反背化忌，一樣經困難後成功。

陰陽落陷只喜見化忌、化科，不喜化權。

日月反背利見鈴星、陀羅。見化忌為特殊例子。

辰宮可以化忌見擎羊，見陀羅則不成。再見煞也不成。

天同在戌宮見化忌及巨門在辰宮見化忌，也是反背，有力衝出羅網。

但對調宮位則不成反背。

化忌守命，多思多慮，忘失。內心勞慮，冷靜面對困境。

天同化忌，為思想精神徹底改變。

大運落福德宮，性格改變。落財帛宮，會破產。

鄧小平命盤

武破對天相。

口訣：「**武破忌陰陽**」。

重視太陰太陽之大運及流年的起跌。

「**陰陽怕武破**」同理。

第二大運，太陽落陷化忌。依口訣，有重大挫折和打擊。

依年齒而言，即生計艱難。

火星守命，其人毛髮異生，且六親無緣。

會照鈴星，出生時有凶險或痳煩，幾乎喪命。

見火星，聲音沙啞，而且尖突。

疾厄宮天梁會落陷太陽，有孤剋刑忌，常遇險症。

福德宮天府見廉貞化祿，做事手段高明。

陀羅會鈴星，殺傷力抵消，必經困擾，然後安定。

借星會紫貪、擎羊，其人有點奸詐。

事業宮紫貪，對星不齊，但會武曲化科、破軍化權，政治能力高。但無論地位怎樣高，仍主事事親力親為。

見天刑，有自制，減桃花。

奴僕宮、兄弟宮全不見煞，一生中同事、同志、朋友的助力很大。

一九九七丁丑年，辛未大運

大運流昌在子，原局太陽化忌為雙化忌，原局丑宮文昌一起化忌。

丑宮為大運疾厄宮。流年巨門化忌，加子宮雙化忌會照流年申之疾厄宮。

該年流昌到酉，正月行辰宮。

壬寅月，流月文昌化忌在寅，會入疾厄宮在申，流月疾厄武曲化忌在亥，重重會煞。

看斗數盤，首先研究最強和最弱方位，然後才研究某一宮位。

大運差，找最好流年作趨避。

除天傷、天使、天才、天壽外、天地人三盤所有細星都不變。

凡移民後三年，流年以遷移宮為命宮看，順看三年。

十干四化性質大於原局性質。流四化能將原局四化性質改變。一般來說，最好為癸年，最差為丁年，壬年。

可參考書末附錄例三之鄧小平命盤。

十干四化

甲年——廉破武陽

廉貞化祿

大利進財，賺開心錢，有横財，但不是暴發。

福德宮見，心情好，精神上得到滿足。

命宮再見紅鸞天喜，或天魁天鉞，一生樂觀無憂。

就算命宮坐墓地、絶地，廉貞化祿，可將内向性格改變為樂天。

代表感情好，六親宮見，緣份深。

大運流年六親宮見，因家人帶來利益。

不喜夫妻宮見，主艷遇。

命宮見，交際手段佳。

不宜太陽落陷。廉貞會入命宮，主其人傾向做偏門、冷門生意，帶有酒色財氣性質。

見昌曲、火鈴、輔弼，較偏向理智。

破軍化權

權力增加。

破軍本身是主動的，有受環境迫成的開創。

化權後變主動，且有佈署。但卻更辛累。

破軍化氣為耗，費力，多方面。

追求大，不滿足，化權後聲勢很大，未必成功。

事業宮見，應專於一方發展。

破軍化權見擎羊，再見天刑，做手術。

武曲化科

武曲為財星，代表實際行動上做出名譽，財務上有信譽。

武曲化科亦有局限性，在圈中出名。影響的範圍較小。

武曲為寡宿之星，不喜六親宮見。

子女宮武曲化科，難有子女，下屬亦較少。雖少，但秀發。

另見助力星，主偏房生仔。

夫妻宮見，妻奪夫權。但化科主看守事業財務，助力很大。

命宮或事業宮見，因會廉貞化祿，易有意外財，但不大。

太陽化忌

太陽代表群衆，化忌表示不被群衆接受。

最忌命宮見，無人緣。

大運見，因得罪群衆招反感而損失，要低調解決。

見高地位星，代表心、眼。

見天刑、擎羊，代表頭。

不利男性親人，尤不利長男，女性不利丈夫。

太陽化忌，尤不利夜生人，因夜生人以太陰為主星。

太陰落陷，要靠太陽吉化。

若太陽落陷或化忌，兩方面都不討好。

女命見，難生育。見破碎、大耗，先天問題。

在丑未日月同宮，如太陽化忌，主甲狀腺問題，女命多見。

女命夫妻宮見，交友不善。

疾厄宮見，主先天眼疾。

乙年——機梁紫陰

天機化祿

天機代表變動及靈活，化祿乃為錢而變動及周張，為錢頻撲。

如天機的根基良好，活動性大，有利計劃求財。

在命，主轉工、轉校，尋找增加收入的方法。

最好結構為命宮天梁、財帛宮天機，天機化祿有利經商致富。

宜零售業，但不宜擴展，因機月同梁宜吏人。

天梁化權

天梁代表官，化權後變高官，化解危難之力量增大，相對招災之力減少。

不利夫妻宮見，因會時常轉換較佳伴侶。

就算太陽入廟，也不改其在六親宮之特性。

天梁始終是孤剋刑忌星，無感情，化權更是專橫。

最忌子女宮，子女少，經常小產，母無恙。

紫微化科

紫微代表皇帝，守命做事有先見，易主觀，愛惡隨心。化科後處理事情的力量大增。

化科後，紫微的基本性質不變，一樣要看是否百官朝拱。如是孤君，化科後仍會變奸刁。

紫微化科守命，交友宮必化忌。所以同輩朋友少，內心孤獨。

凡化科，可在一行業中出名，宜從事研究學術。

太陰化忌

太陰為女性之星，代表美及藝術。

化忌後，便失去二者。

太陰化忌代表受美色引誘，或受陰沉性質之東西引誘。如金錢，所以不利投資。

眼見有利，結果都必失敗，而且影響往後幾年，因太陰有很大拖延性及殺傷力。

太陰化忌守命，不利女親。

代表內心痛苦壓力，但表面看不出，因太陰主收歛。

會文曲或文昌化忌，主被竊。

最忌田宅宮見，就算坐亥也一樣。

坐亥稱為「變景」，為較好宮位，月亮被雲蓋，景緻更美，有小阻滯，然後變好。此性質，僅指原局如是。

守命落陷見火星或鈴星，為隨娘作嫁，母親可能重婚。

不利福德宮化忌，因太陰為內心痛苦空虛。

不喜天同太陰星系，即子午卯酉宮，在卯宮為羊陀夾，最差，就算對宮為羊夾天同，也為變格羊陀夾忌。

疾厄宮見，主眼疾，是後天的。

丙年——同機昌廉

天同化祿

白手興家的情況比較順利。

最忌福德宮見。戀祿過甚，懶散，名仕派，什麼也不在乎，平易近人。

天同化祿守命，其人如小孩。

守財帛宮，易有歡喜財。如禮品、助學金、獎學金、遺產。

天同化祿守命，散盡祖業而後興。

守福德宮，易得一而足，不求上進，器少易盈。

不喜見地空、地劫。主有空疏思想，變成膽大妄為，反處處吃虧。尤其貞操觀念，有點不守禮教意味。

不宜見桃花星如紅鸞天喜、咸池沐浴等。男命拈花惹草，女命意志薄弱。尤其貞操觀念，有點不守禮教意味。

不喜疾厄宮見，天同為陽水，為膀胱。

天同化祿見祿存，變實症為腎病。

天機化權

天機為謀士。

不化權守命，想法多，樣樣想做。

化權後，能將計劃實行及穩定，但仍兼行兼業，樣樣開始後都可以實行，反而變成半途改變計劃，以致勞心勞力。大忌見火鈴。天機本性浮動，見火鈴更增浮躁、不踏實。

天機於疾厄本屬肝病，化權後變重病。

文昌化科

文昌代表學術，正途出身，化科後增名，文學才華好，讀書佳。

成格陽梁昌祿見文昌化科，考試出色，入廟太陽更佳。

凡文昌化科，專注一方發展必有所成。

再見奏書，有揚名機會。通常出書時會見此組合。

文昌化科後，一樣帶桃花性，更會張揚出來。

坐夫妻宮，再見桃花星，古時說納寵，現今為婚外情。

原局文昌化科，若大運流年化忌，變成科挑忌，依所處宮位解釋。

如夫妻宮，會醜事傳千里。

若命宮見科挑忌，會名譽有損，文件上有失誤。

廉貞化忌

廉貞為血，化忌一般有血光之災。

最壞是再遇武曲化忌。多帶性命之險。

廉貞為感情，化忌則感情有損，不喜六親宮位見，主感情疏遠。

丁年——陰同機巨

太陰化祿

太陰在不同宮位化祿，同性質。

太陰與女性關係大，化祿表示接近女性而得到利益。

男命為女緣較深，易親近女性。

事業宮見，宜與女性合夥，或與女同事關係好。

女命化祿，更顯女性美和喜歡打扮。

太陰為財星，化祿財氣更大，主以財謀財。

大運見，可借錢來經營。但記住：僅可短期營謀。

夫妻宮見，經常用女人錢。太陰落陷尤是。

不論男女，凡太陰落陷，皆主英俊、美麗、搶眼。

但除此以外，無其他特別好處。

天同化權

天同代表白手興家，化權後成就比以前大，但一樣先敗後興。

六親宮見之較佳，主遇挫折後，大家感情更好。

夫妻宮見，不會憑媒撮合，感情由無變有，即自由戀愛。

因天同化權後，變穩定。

不喜再見火鈴，見火鈴為破格，變得亂衝亂撞。

喜天同太陰坐丑未二宮見化祿化權，但福德宮則見巨門化忌會照夫妻，夫妻感情不能完美。

女命天同守命，夫妻宮必不好，化權後仍不改變，先敗後興。

天機化科

基本上，不喜原局天機化科，流年大運較佳。

原局化科，增加輕浮性，華而不實，雜學、善施小計。根基不實，自以為是。須要踏實工作，才可改變不穩固的缺點。

大運流年見，反而可顯露才華。

原局及流年見天機化科，不需會巨門化忌，亦凶。

天機化科，有利計劃策略，宜廣告界。

巨門化忌

巨門代表口舌、是非。化忌後，是非更嚴重。

見拖延性星，尤其是官符、鈴星，主官非。

最不喜入福德宮，代表精神困擾。也必太陰化祿守命，有陰暗面內心痛苦，難以了解。

凡丁年出生者，縱使太陰化祿守命，巨門必化忌，主內心有難言隱衷，多為夫妻間煩惱。如不舉、性生活不調和等。

巨門為管道，化忌後為管道塞，或爆管道，留意田宅宮。

女命坐疾厄，易有婦科病。

男命易性無能，見桃花星更驗。

戊年——貪陰陽機

貪狼化祿

貪狼為酒色財氣、交際應酬之星，手段靈活圓滑，喜使小手段。

貪狼化祿，主信心十足，滿面春風，到處開源應酬。

多豔遇，能得異性相助。興趣廣泛。

貪狼無領導力，但喜多與人交往。

化祿後，更顯交際之特性，更忙碌、交際更頻繁，主動開創各種慾望和利益。

最宜做靠公關、外交之工作進財，所以宜做生意。

不宜見桃花諸曜，會沉迷酒色，特別是子午卯酉宮守命的人。

見吉星，由應酬中得利益。

貪狼代表運動，化祿可考慮在運動界發展，可有所成。

貪狼守命喜神祕事物，得祿後最有利宗教方面發展。再見孤寡星，易入空門，但入空門後，仍會四處去交際。

貪狼化祿會煞星，會因酒色財氣而有痲煩困擾。

坐命、交友或兄弟宮會輔弼，很多益友和知己。

但遇災煞、陰煞、劫煞，或加指背、大耗、天虛等，會有小人接近及受拖累。

不喜六親宮位，特別是夫妻宮。不見桃花，也主桃花，除非配偶做交際公關工作，否則桃花性極重。

原局天機守命不喜，行貪狼運，主無事忙，交際多而無成。

貪狼守命，不喜六運再見天機，主勞而無成。

遇火鈴，易有意外財，好處為無心而得。無煞忌沖破，可守財。

大忌見地空地劫，或地空地劫相夾，易得易散。

貪狼守命，喜賭博。多有嗜好，或嗜酒，或耽於琴棋書畫。

引伸為喜競爭，所以喜化祿或會祿，主得後援。

無祿會入主孤獨，可傾家。

大忌見陀羅，次見擎羊，俱主大敗。

貪狼化祿見地空地劫在福德宮，有出奇制勝手段。有利在廣告公司做事，或做策略性質工作。

太陰化權

太陰代表計劃，化權後計劃更加順利。

落陷太陰化權為奸計得逞。入廟為有財權，可調動公司資金，有利財經、銀行機構做事。

化權後判斷力好，有洞識力。

除非入廟，不喜六親宮位見，六親會對己用奸計。

原局命宮太陰化權，女緣深，會因女性而得權力、利益，但不宜見桃花星。

福德宮見，主計劃順利。

大忌見地空地劫，主志大才疏。

見天才，空疏，學淺卻假扮本事。除非太陰入廟，才氣稍大，但仍主狂妄自大。

坐疾厄，眼睛易有毛病。

坐父母宮，長上輩的計劃對自己助力大。宜做計劃性機構。

不喜見擎羊、陀羅。古人說「**太陰羊陀，必主人離財散**」。化權後，掌權而惹爭奪，自己會輸。

因機月同梁關係，太陰化權，易遇天機化忌，若權挑忌，越重大的計劃越容易失誤。

宜從事動腦筋的工作，也喜工藝或工程方面之行業。

凡太陰守命，特別留意福德宮。一定是屬暗曜的巨門，再有劣星，會變陰謀，格局甚差。

如巨門守福德宮，會照的是夫妻宮，亦須留意夫妻間問題。

化權坐疾厄宮，易有神經衰弱。

太陽化科

太陽主發射，化科後更強，較不喜。

就算入廟，有名但利益少，必不踏實。

最不喜巳午，愈旺愈不踏實，反而化權、化祿有實質收入。

太陽化科，有利傳播，愈出名愈有利。

因男性而出名，在男性多的機構做事，會較突出奪目。

化科代表搶眼。

太陽代表高，男命易禿頭，女命樣子出衆，有利演藝界。男命有紅鸞天喜之桃花才少禿頭，會投身演藝界。

太陽化科，大忌流年見文曲或文昌化忌。見則是科挑忌，有重大是非口舌或官非。

父母宮見，宜政府公職，或大如政府機構做事。

太陽是陽水，男命代表膀胱有病，有虛耗性。女性有生育痲煩、虛弱。

於疾厄宮是陽明火，易心浮氣躁，心緒不寧。會擎羊，有散光，愈旺宮位愈散光。

於陷地，會大耗、鈴星，有青光眼、白內障。

太陽是主星，要百官朝拱。

如有百官，化科後可做大事。

如無百官，會成衆矢之的，而且虛名虛利，經常被人利用。

有昌曲，無俗氣，無則不夠高雅。

陽梁昌祿，最高格局為卯宮見太陽或文昌化科。見文昌化科，學術上有大成就。見太陽化科，主專於研究著作出名，不主有錢。

坐陷宮見地空地劫，會因虛名而招忌。

喜六親宮，主六親有顯貴之人。見百官更驗。

不喜奴僕宮見。

太陽化科表示下屬比自己出名，惡奴欺主。

天機化忌

天機為計劃，化忌，不宜計劃及經商。

天機為謀臣，化忌代表驚慌、計劃失誤。

原局見，一生易惹是非、被人誹謗。要把握第一個念頭，想法太多反而無成，發展下去變陰謀。

忌坐丑未二宮，遇火鈴，女命有自殺傾向，因小事化大。

福德宮見，多陰謀奸狡。滑口，不負責。機深禍更深，愈計劃愈糟，必要依正途或平常心做事。

坐命或疾厄宮，其人不鎮定。

坐疾厄宮，易失眠，以致神經衰弱，因憂鬱而傷脾胃。

天機化忌，加刑煞，會有手腳受傷，六親宮見，六親受傷。流年見武曲化忌、廉貞化忌之類的重煞星，手腳可有大傷害。

不喜六親宮見：子女宮見，緣薄或無子女。

夫妻宮見，夫妻缺少真心，配偶會遇一次以上計劃失敗。

天機代表手腳，化忌代表手腳易傷。

大運差，流年見天機化忌，大忌出門。

大運好，流年見，出門會計劃受阻。

流年會入命宮或福德宮，不宜做重大決定及做生意，多敗。

不宜與文曲文昌同宮，會文件出錯。文曲代表數字、文昌代表文字。

與天月、大耗、鈴星於福德宮，思想不健全，會有自閉。

天機坐田宅宮，住熱鬧地方；化忌；地方嘈吵，不雅且雜亂。

己年——武貪梁曲

武曲化祿

武曲為財星，喜化祿以增財氣。

化祿後，增加財氣及賺錢能力，以行動取財為最好。武曲短慮，思想不週詳，化祿後性質不改，不會因決斷好而得利益。

宜做開創先鋒，零碎決斷行動，不宜整體計劃。

有利短期炒賣股票、財經，即短期形式之行業。

化祿後，如同時有煞忌刑會入命宮，或事業宮，可憑技藝進財，所以社會地位不會太高。

武曲為孤寡星，化祿後孤寡的性質不改。

不喜六親宮，主妻奪夫權，為利益而衝突，損害感情。

女命，不享夫福，夫妻緣差。不化祿更差，多辛多勞。

凡財星忌見地空地劫，多意外消耗花費，進財而節外生枝。

最忌見文曲化忌，稱之為「文武曲化忌」。在辰戌宮，主有大挫折，特別是見「鈴昌陀武」，有性命之危。

就算不化忌，文曲也會將武曲變得虛浮、不踏實，所以不喜同宮。坐夫妻宮，有名無實。武曲化忌，主無閨房之樂。

武曲化祿不怕見四煞，困擾多些而已。不再見化忌，不致破敗。

武曲行貪狼運，或武貪格，縱使不見火鈴，都有發達機會，但要過三十五歲以後。

坐丑未，武貪同宮見火鈴，易暴富，為正格火貪。但也易暴敗，要注意流年趨避，特別是在田宅宮看其得失。

田宅宮化忌時要留意，因為**田宅宮可反映生意上的成敗**。

武曲化祿在疾厄宮，可減少疾病的凶險，主美化方面的修飾。

武曲貪狼同宮，見桃花星，女命會有整容傾向，或刺青、紋身、紋眉。

貪狼化權

貪狼為交際應酬，愛好研究神秘事物。

化權後會將之具體化。研究或運用得好，不主出家。

化權後會深思，做事有計劃，手段更圓滑。

做人講實際，覺得有結果才做，不過份倚重感情。

見祿存，主辛勞後有得益，愈辛勞得益愈多。但為人多計較、小氣。不見祿存，辛勞而無得益。

六親緣不深厚，會用手段維繫感情，與之做朋友要小心。

化權的火貪或鈴貪格，比不上化祿，較辛苦和表面風光。

見天巫、天姚等，為江湖術士、邪人。

貪狼化祿，財運突然興旺，貪狼化權就喜投機、行險徑，主動強求，易孤注一擲而致失敗。

貪狼化權守命亦帶酒色財氣性質，但有機會轉化成娛樂藝術事業。

貪狼化權落辰戌的天羅地網，結婚前很多波折，或因特別理由而結不成婚。

坐父母宮加桃花星，自己為偏房所出。見右弼更驗。

貪狼化權坐子女宮，為偏房生仔，見桃花星更驗，會公開。

不化權，不會公開。因無受制於彼之象也。

夫妻宮見，配偶運權力量加大，但自己不覺。

疾厄見，女命易有生殖系統毛病，男命會火星，會有痔瘡。

男命貪狼化權會祿，注意腎病，會廉貞，肝病。

生兒看天喜，再見煞，則生育有困難。

男命看天喜年而主星穩定，見祿生兒；見煞忌，不驗。女命看子女宮及田宅宮。

生男生女看星之性質，如太陽紫微天府生男，太陰廉貞生女。

北斗主男，南斗生女是不對的。

見天刑擎羊，生產要開刀，見化忌沖起天喜，小產。

原局見子女宮火鈴，數目少。

天梁化科

天梁，乃清憲之星，不喜見祿。

化科最佳，主有清譽。

有監察力，宜做監察性質行業。

化科代表出名。天梁為蔭，引申為儒士。宜為政府工作，受人信任，付託。

若是「機月同梁」結構，而又天梁化科，則為清廉能幹的高官。

若天梁化權，消解災害能力增加。

化科，不須遇重大災難而得化解，虛驚一次即改善。

天梁不喜守夫妻宮，因化科後的監察性大，處處挑剔配偶。

有蜚廉、破碎更甚，配偶宜出外工作，以減少磨擦。

喜六親宮位，仍會有孤剋刑忌性質。

在父母宮，經常有長上輩提攜、庇蔭。

在田宅，工作機構很大，多數是政府機關。

在福德宮，性格有孤芳自賞，不宜再遇上孤辰、寡宿之星。

在交友宮，有諍友，會指出自己錯處。

坐疾厄宮，易有痛風毛病。

見地空地劫，有罕見險症。

女命天梁坐命，主月經不準，易流產。

留意田宅宮、子女宮有否遇吉星。

男命易有神經衰弱，見鈴星，易有胃病。

女命見鈴星加桃花星，易有乳房方面毛病。

天梁化科在遷移宮，見擎羊火星，主有凶險事。

太陽天梁同坐卯宮化科，即是「陽梁昌祿」，不但主學術研究，而且有特殊地位，被社會認識。

太陽化科，有正氣。見天馬，喜鋤強扶弱，宜做社會工作。

天梁化科，大忌見地空地劫，主其人狂妄自大。

見文曲化忌，科挑忌，被小人所害。

喜奏書同宮，見文昌或文曲，擅長刀筆著述。

天梁行紫微、天府或入廟太陽、太陰時，主可成名。

與天德同宮，可做名醫。

會解神、破碎，為手術方面的大夫。

見華蓋，宗教方面有成就，但在巳宮，宜做特務工作，因多風險。

天同天梁為浪蕩、苦戀，但化科後結交廣泛，容易四海揚名，苦戀情況減少。

除非見重煞，天梁化科坐夫妻宮，主不易離婚。

見煞會入，主多波折及拖延。

重婚會比第一次好。

文曲化忌

文曲代表行動，化忌代表有行動失誤。

文曲代表非正途的東西，如行騙，見太陰為盜竊。

台輔見文曲，亦主盜竊。

文曲化忌加台輔坐福德宮，有盜竊傾向。

代表說話錯誤，數字上有厤煩。

流年見文曲化忌，注意簽約時數字錯誤，及口頭約定錯誤。
坐田宅宮，代表家有喪事。
坐六親宮，注意家人安全健康。
文曲為口譽，化忌主毀約，反口。
忌口頭上的投機活動。
坐命或流年，大忌投機。
見祿沖，如太陰化祿或天機化祿，先勝後敗，全軍覆沒，要見好即收。
流日見，易蕩失路、迷途。
坐福德宮，喜賣弄小聰明而被聰明誤。
見陀羅，無記性。

巨門加文曲化忌，代表口舌是非。

太陽入廟見文曲化忌，大利口舌進財，如律師。

太陽落陷見文曲化忌，有冤屈事。

文曲化忌見蜚廉，喜説人是非。

田宅宮見太陰加文曲化忌，會被竊。

如天同會天月，易有白喉症。

破軍武曲見文曲化忌，代表大意外，流年注意。

文曲化忌加廉貞化忌，易生瘡癩癬。

女命大運見文曲化忌，會生雀斑。

文曲化忌代表邪門、恐嚇、勒索，坐兄弟宮主受兄弟勒索。

坐夫妻宮，配偶有陰謀對己。

文曲化忌，帶有後遺症問題，有手尾跟。

庚年──陽武府同

太陽化祿

太陽是貴星，化祿後，為先貴而後富，宜用聲譽求財。

太陽代表群衆，愈出名格局愈大。

喜見六吉星，天魁天鉞多機會、左輔右弼多同輩助力。

祿存天馬，宜外地發財，無六吉星變為鋒芒過露，是非口舌極大。

見地空地劫，變疏狂，狂妄自大。

太陽主發射，化祿後，不喜在巳及午宮，會過份耀眼，一出風頭是非便跟著來。

太陽在寅、卯宮為旭日東升，光華悅目。

化祿後須出風頭，但無是非。雖無六吉星，亦可經過辛勞奮鬥而出名。

在戌亥子為失輝，化祿仍為專貴而有錢，較實際、不虛浮。

太陽愈入廟愈難親近，愈落陷愈熱忱，易親近。

太陽化祿不喜六親宮，坐父母宮，表面好，無感情。

坐夫妻宮，時受配偶監察著。

在兄弟宮為長兄。化祿對長兄謀財有利，宜與比自己大的同輩作事，或作生意。

坐子女宮，入廟為長子對自己有利，落陷為兒子耗我錢財。

太陽為男人，化祿為由男人帶來利益。太陽為尊貴，化祿代表表面風光。

化祿坐福德宮，加飛廉，經常為開心而多無謂支出。

武曲化權

武曲為財星，化權有利行動生財。親力親為而辛勞。

武曲短慮，化權表徵管理能力差，難有輕鬆的生活享受。

短慮的局面大小，視乎付出多少，所以較為辛苦。就算有錢，亦辛勞而來。

有煞會入，加吉星，利武職或工程界，得顯貴。但多煞，或多破壞性的星會入，反成低格局之人，宜以利器謀生。

財星化權，不一定有錢，要再見祿存，才可成富局。只見祿存，會戀祿過甚，只宜守成，或做財經界。

見地空地劫，有出奇想法及獨斷獨行。

武曲化權後，仍不利六親。坐夫妻宮，為妻奪夫權，甚至妻奪事業。

再見祿存，男命主得妻外家的錢財。

在子女宮見煞，為偏房生仔；無煞，為得子遲

武曲化權，加祿存加鈴星，易有腎病或糖尿病。

天府化科

庚年及壬年都有天府化科，為財務上有聲譽，因錢財出名。

庚年宜財經公司發展，壬年宜守成現有局面。

天府代表銀行，化科為銀行有名氣，以人來說，則為有信用。

凡化科宜見祿，不見祿則會不擇手段求財。無祿遇煞人孤獨。

因天府是主星，要看是否百官朝拱。

還要看天相有否得祿。不見祿，其人會變奸刁。

還要看對宮的七殺性質如何。

見天刑擎羊，宜做牙醫或工程技術，必有聲望。

見龍池鳳閣，宜做外科醫生。

見天姚，奸狡重。表面看不出，私心重，要注意精神方面修養。

與紫微同宮，別人會看得起，且得群眾支持。

壬年武曲化忌，在福德宮或財帛宮，其人理想過高，但一樣有名、有信用。

坐夫妻宮，縱不和，也不輕易離婚。再見煞，僅主有隔膜。

坐六親宮，不代表六親出名，但會有所信賴之親人。

坐田宅宮，宜在大公司或銀行工作。

坐疾厄宮，腸胃有問題，為胃氣或胃寒，小心吸收問題。

天同化忌

天同為福星，化忌後，最輕是有福享不得。

在命宮或夫妻宮，為好姻緣變不好姻緣。

若結成婚，亦多誤會。

在福德宮化忌，為苦悶、空虛、寂寞。有福享不得，多幻想。

加消耗性星，如鈴星、大耗等，在命宮、福德宮、疾厄宮，均主智力有問題。有天月、陀羅，更驗。

天同為白手興家，由無到有，化忌更甚。

坐田宅宮，童年家庭必經一次大破敗。

坐兄弟宮或交友宮，會被朋友中傷、誤會、出賣、反目成仇，內心痛苦，旁人無法了解。

見地空地劫，反能自得其樂，獨特思考，宜廣告傳播界，往藝術方面發揮，否則是一個怪人。

加陰煞或天姚，陰險毒辣、手段凶殘。

陰煞，眼神帶陰；

天姚，眼帶桃花。

化忌加火或鈴星坐父母宮，幼小時離開父母。

祿存加天巫在六親宮，為錢財或遺產而反目成仇。

坐疾厄宮，有神經系統方面毛病。

坐疾厄宮見鈴星，有難以忘記之痛苦，見火星，提防被火毀容。

辛年──巨陽曲昌

巨門化祿

巨門為暗曜，化祿後仍要勞心勞力，憑勞心勞力而進財。

巨門為口舌，化祿見煞，什麼都吃入口，無品味。

見輔弼、魁鉞，機會和際遇尚好，減少辛勞。

巨門在子垣，為石中隱玉結構，化祿後容易變成巨富格局。

喜用横手進財，留意宜以人際關係而進財。

決定巨門之格局高低，留意太陽是否入廟。

在六親宮見化祿，感情反變恩厚。

巨門為管道，有實星如化祿、祿存等，代表肺部問題。

不見實星，是呼吸管道問題。

太陽巨門同宮而巨門化祿，可憑異族而進財，宜做外地生意。

陽梁昌祿格會巨門化祿，可憑學術而得地位。

太陽化權

太陽為貴星，化權後因尊貴而得權力，因群衆而得權力。

太陽為男性，化權後男性助力增大。

一般化權比化祿為佳。化祿為奢華奢侈，偏於表面虛浮。

化權後，會踏實地憑地位而有成。

太陽化權宜做專業商品、代理專業名牌。

與昌曲同宮，易變虛浮、浮誇。

再見文昌化忌，更甚，沒有深思即做決定。

化權增加自己風格，有個人面目，宜做創作性工作。

太陽是貴星，化權後有地位，喜歡人奉承。

留意交友宮、子女宮，若是虛耗、陰損性星多，變成虛浮不實。

化權後，喜歡賣弄自己，喜出風頭，所以人生有挫折。

落陷太陽化權，會背井離鄉，見天馬更驗。宜外地發展。

太陽喜群衆支持，化權後不宜借錢給人，無遠見。

見文昌文曲更甚，欺騙性更大。

太陽為高地，化權後易有高血壓。

見火星或化忌會入，會因高血壓而爆血管。

太陽坐父母宮，受長上輩提攜。

坐子女宮，子女經常扭計，而自己常去遷就子女。

坐夫妻宮，有刑剋性。化權後隔膜加大，要常去遷就配偶。

六親宮位見煞反憂受制，經常要去遷就。

文曲化科

科名令盛，以出名為主。

見恩光天貴，古代有因鄉長荐舉而登科甲，即有貴顯，有異途擢昇性質。

文曲為理科，宜向理科或工程方面發展。

「陽梁曲祿」成格，在理工科方面有成就。

若「陽梁昌曲」只有研究而無成就。

太陰文曲為九流術士，可成術數專家，化科便能有成就。

紫微七殺不喜見文曲化科，因化科後會走偏鋒，喜出鋒頭而不踏實。

武曲加文曲化科，變自相矛盾。

天機或天梁見文曲化科，為最好結構，代表有好聲譽，能猜測準確。

巨門化祿見文曲化科，口才好，易討好異性。

文昌化忌

文昌代表思考，文曲代表行動。

古人云夫妻宮文昌化忌，命宮文曲化科，未娶妻，先納寵。

文昌化忌為科名不利、文書失誤。

變成投訴、毀約、壞消息、文書上出錯，小心簽約，做錯擔保人。

文昌為禮樂之星，化忌會不吉主星，主喪事。

見地空地劫在命宮，或流年見地空地劫，提防收空頭支票或被騙。

不宜借錢給人，否則一借無還。

如主星是紫微貪狼、紫微破軍、廉貞貪狼坐夫妻宮或命宮，宜無約婚姻，即先同居後結婚。不然夫妻便有感情麻煩。

女命有桃花星，流年行紫微貪狼、紫微破軍、廉貞貪狼、廉貞七殺，易被姦污。

坐疾厄宮，主星見太陰太陽天同，易有眼睛毛病，如白內障。

再加鈴星，易有視網膜脱落。

壬年——梁紫府武

天梁化祿

天梁是清貴之星，一般不喜化祿，喜化科。

化祿後，最輕是為財招惹麻煩。以孤剋刑的性質進財，宜做保險、醫生等業。

天梁化祿，為官貴蔭庇，或是父母蔭庇。

最有利為父母長上輩蔭庇提攜，不宜做官或政府工作。

易有貪污之事，或受賄，所以要留意操守。

不宜見魁鉞單星，否則麻煩極多。

大利做家族生意，或在有名的大企業打工，可憑年資深厚得高位。

見魁鉞雙星，做事會秉公辦理。

見天月，宜做醫生。見天刑，宜做律師。

見華蓋，宜做社會工作。

見破碎飛廉坐遷移宮，宜外地經商做生意而成巨富。

不喜六親宮位見，易有紛爭。

如見天巫，易有遺產爭執，再加天刑，尤甚。

見地空地劫天月，由痲煩病變險症。見天德才可減輕。

紫微化權

化權增領導力、決斷力、主觀、私心大、固執。

即使有百官，亦樣樣親力親為，更加辛苦。

要見祿存才享富貴，否則是落難皇帝。

凡紫微化權，福德宮必見武曲化忌，變成短慮，考慮不週及過份自大自信。

遇煞，是小人親近，易信讒言，再見桃花諸曜，易染不良嗜好，或有癖好，須要加強精神上修養。

當有著利益關係時，他們往往以現實利益為重點，隱藏著內心的愛欲感受。

性格方面愛惡分明，愛之欲其生，惡之欲其死。

不利六親宮位，主六親主觀、自我中心極重，關係惡劣。

紫微化權坐夫妻宮，感情破裂，再見煞星，更驗。

子女宮紫微化權，有代溝。見煞忌，出敗家兒、忤逆子。

兄弟宮紫微化權，反受掣肘，不宜合作生意。

疾厄宮紫微化權，腸胃有痲煩。

紫微化權再會桃花星，有桃花方面病症。

紫微化權見鈴星，有腎病或有眼睛毛病。

武曲化忌

武曲為財星，最不宜化忌。

為財帛上損失及行動上耗財。

武曲更為短慮，小事也極緊張，不夠冷靜。

武曲化忌守命，脾氣差，經常有錯誤行動。考慮不周，發現時已太遲。

做生意為經營不順、週轉不靈，打工則為失業或轉工待業。

武曲化忌為無計劃性，宜做自由行業，或做帶煞氣行業。

見天月，宜做醫生；見擎羊、天刑，做牙醫。

見天廚，可做飲食行業。

見飛廉，做美容，有利持利器以求財。

武曲化忌，不喜見地空地劫，為耗財；見文曲，有挫折及節外生枝。

大忌在辰戌宮「鈴昌陀武」會化忌，會有重大危險事發生。

會廉貞化忌，有血光危險，大忌出門，見流曲來沖，更危險。

福德宮見「鈴昌陀武」會化忌，女命會因感情而自殺，男命事業上有大打擊，或大挫折。

六親宮見武曲化忌，代表六親中有做帶煞氣行業，或有大打擊。

兄弟宮武曲化忌，兄弟數目少，除非見吉化之星。

夫妻宮武曲化忌，遲婚較有利，否則易生離死別。

癸年——破巨陰貪

破軍化祿

破軍化祿為最好結構，稱之為有根，但仍要兼行、兼業而得財。

破軍化祿後，會主動去開創，破舊立新。

凡財星化祿，怕見空劫。

破軍化祿亦是，主變化幅度非常大，或有大突破。

注意田宅宮，以太陰入廟不見羊陀為要。

在流年，會兼行兼業，較費力，所以容易招致損失。

不喜女命守命，主婚姻出問題。

破軍化祿，多為長女命，及貪靚。

坐疾厄宮，見煞忌，主出險症。

破軍化祿再見地空地劫坐疾厄宮，為不常見之險症。

最好結構為一定見貪狼化忌。僅主失意。

巨門化權

要化解巨門之暗，大忌出風頭，會惹是非。

巨門化祿為重利，無人情。

化權喜弄權，易生是非及妒忌。

因是暗星化權，是為暗中得權力。

面相中常有法令紋和顴骨不突出(通常化權的顴骨是突出的)。

巨門主口才，化權後口才有力。但未必善於詞令。

喜福德宮見，會變沈潛性格。

喜見昌曲，可在一行業中有成就。

不喜再見煞忌，會喜競爭比較。再見消耗性質的星，會不擇手段，只為自己。祇有太陽入廟，可化解巨門之暗。不致不擇手段，反變成豪爽。

太陰必定化科，如太陰入廟，主其人進取。

子女宮會天相，再見煞，敗家。

化權比化祿好，有口才，有惹是非性質。但說話如發號司令。

喜六親宮，有親友助力。

坐夫妻宮，多口角，但感情好。

太陰化科

名望有利，財源好，有利計劃。

行業中出名，大利。宜靠專門工作進財。

太陰化科，其人樂觀。與女性有緣，再見桃花星，有感情痳煩。

太陰化科坐疾厄宮，內分泌問題。再見桃花星，腎出問題。

貪狼化忌

會減少酒色財氣。

主奪愛，在父母宮，有兩重父母。

有意外財，火貪、鈴貪，宜見好即收。

見火鈴，有整容傾向。

不能做有競爭性的生意。

在田宅宮見火星，有官非，無享受。

小結

十干四化是推斷斗數的利器，必須記熟基本性質，再推廣由原局，行大運，去流年時遇上不同的四化組合，性質極複雜。宜在十干四化的基礎，好好用功。

斗數概念文摘

空宮守命

紫微斗數以空宮守命最易令人迷惑。

凡空宮守命，主一生運程不實在，有種虛無不實、心中茫然的感覺。

如空宮守夫妻宮，夫妻間亦會有空虛不實、難以形容的不實在感覺。

也可以說，空宮在任何宮垣，都有空虛無助、不實在和難以描狀之感。即難以捉摸，變化也較為突然。

因此，如果是空宮的大運，其人便會做一些以前未曾做過的事，或到以前未曾去過的地方。

甚至是流年，亦會有一些獨特的事情發生。

但這些空宮的大運或流年，都有虛無飄渺，捉摸不到的運勢。這些徵兆極準。

命宮無星，即謂之空宮守命。

這時，宮內的十二長生便有極大的作用，不可輕忽。

如長生，主活動力大，一生運勢不住變動，難以安定。

命無正曜，便要加倍留意本宮內的月系星，這些星，具有極大的影響力。

其次是火鈴羊陀等四煞，亦同樣具有極大的決定力。

借對宮的星曜來安宮，則以對宮的廟旺閒陷為依據。

如命宮在丑，無正曜。借未宮的太陽太陰來安宮，仍以太陽居未為旺，而太陰落陷來推斷。

但記住，十二長生則無法借宮。

如本宮無星，十二長生為絕地，對宮的所有星曜都要借入本宮，但十二長生中的臨官，不能借入本來的空宮來觀察星情。

空宮守命，以紫微七殺同度於巳亥二宮時的斗數盤最複雜多變，也是空宮守命中，最難看得明白的。正因為其變化複雜，更值得花點時間去好好揣摩這個組合。

空宮落在六親宮垣，主該宮位難生悠久的助力，而且彼此之間的關係必帶點撲朔迷離，和不堪依靠、不實在之感。

單星獨守

凡單星獨守，不論任何星曜，俱有強烈肯定的星情意義。

如巨門於辰宮守命，則巨門的星情意義便甚為明顯了。

辰戌二宮必為巨門對天同，進一步將天同巨門的性質加在一起來論命，但仍以巨門為主導。

再看本宮內的輔、助、煞、化等星曜影響。

兼視三方會合之星系變化，及太陽入廟與否。

看相夾、六合的性質如何等，這便是看單星獨守的程序與方法。

還有一點是許多人忽略，也是所有古書未曾披露過的，即十二長生星的影響。

如巨門居辰為墓地，跟此星同躔，決主其人經常冷退、落寞、事事難得順遂，亦缺乏鬥志去主導掙扎向上。

單星獨守時，十二長生的星曜，其實是規限了本宮諸星的活動能力，不容忽略。

單星獨守若是其他宮垣，亦同樣有肯定星情的意義，更加強了此宮垣內「形與性」的含義。

於推斷六親宮垣的性質，尤其顯得面目鮮明，不可忽略也。

閏月的看法

閏月，在祿命術中頗引起過一陣紛擾。

但隨著實際操作和不斷作出徵應，已明確知道閏月的分割，是以新的閏月，十五日子時作為分界。

十四日亥時，是本月的亥時。十五日子時一界，便是下個月的子時。

以一九五七年，農曆閏八月十四日亥時為例，即以農曆八月十四日看，即己酉月十四日。

而一九五七年，農曆閏八月十五日子時，即以農曆九月十五日計算，即庚戌月十五日。

換言之，即出現兩個農曆八月初一日至八月十四日，及九月十五至廿九日。

但要注意，閏月的天干相同，但流日的干支卻不一樣，在推斷流月流日時，不要混淆此點。

在流日行至十四日時，緊記從十五日起要移至下個月為初一，再數十五日為該月推算，否則便不會準確。

斗數的閏月以子時劃分，不依節氣的交替時間。

每三或四年，便會出現閏月。在斗數推斷上，記住在新聞的月裏以十五日作為劃分。

昌曲貪狼

「昌貪居命，粉骨碎屍。」

斗數歌訣有這樣一句，很嚇人的。

其實「昌貪」、「曲貪」，是會主動行使手段和聰慧的人。

由於殺破狼星系大都不喜見昌曲，以貪狼「不按牌理出牌」的表現，很容易弄巧反成拙。粉身碎骨，則未必也。

「昌曲貪狼同宮，政事顛倒。」

由弄巧反成拙性質，可以招致很大的後遺症，甚至是不可收拾的惡果。

以會照煞刑星曜、空劫破碎等，確可能會有粉身碎骨之應。

貪狼是「慾望」之星，亦是「福禍」之神。

人的慾望無窮，吃喝玩樂、嫖賭飲蕩、酒色財氣，若沉迷慾樂，可以發展至來者不拒，很濫情、濫交。

昌曲貪狼同宮，文昌便會使貪狼喜走捷徑，去求取「酒色財氣與吃喝嫖賭」的慾望，且又容易貪圖眼前利慾，荒廢正事。故「昌曲貪狼同宮」便有「政事顛倒」之意。因此，昌曲貪狼同宮，容易行事犯險。

筆者近年做過艱苦的統計，於碎屍案的個案裏，那些死無全屍的人，確與「龍池鳳閣、地空地劫、破碎解神」等極有關係。

這些統計資料，得來不易，敬希珍惜之！

故此，粉骨碎屍，當指空劫而言。

此外，昌曲貪狼亦有多虛少實、賣弄聰明的性質。

是以政事顛倒，容易行事不擇手段，以致反成浮滑空虛之人。

天、地、人、盤

斗數中，有天、地、人盤之分。

即同樣是寅時，便有可能是天盤、地盤或是人盤。

經過徵驗得知，用出生時間來劃分的說法不能成立。

天、地、人盤之分別，是由祖澤決定的。

即依其人父母的田宅、子女運之徵應，而決定其人之斗數盤。

亦由其父母所造作的業力積累而造就他們下一代的命盤。

一般而言，一百人當中，只有四人是「地盤」，一百人中，只有一至兩人是「人盤」。

由田宅環境、兄弟關係，父母興衰，及其人形、性等多方面，來決定其人屬於甚麼命盤。

有時，天地人三盤都很接近時，就必須用流日的事來推斷，再多看三數個月會較妥。

定盤，是最難的一個關口。

因為定盤即是推盤，不容易經過一年半載的初學，就能夠掌握箇中要竅。

有時，對方屢問屢辯，亦極容易造成定錯盤，算錯命。

特別是巨門守福德宮的人，最易多疑、喜爭辯。

因此，每遇太陽失地，巨門守命、守福德宮的人，在推算時尤須注意該等人士，疑惑最多，也最不易服氣。跟他們論命，便需要避重就輕的來推斷了。

「天、地、人盤」之外，還有一個專用作南半球出生而定立的「南盤」。

南盤，無天地人之分。

目前已頗有徵驗証明南盤之實用性了。

學員不妨在南方，再為親友作更多之統計研究，以收更多之統計參考。

徵驗爲主，亦非絶對

紫微斗數有天、地、人盤之分。

因此，即使來人報上由醫院準確記錄下來的八字，在推斷時，仍須定盤。

以定盤來鑑定其人屬天盤，抑或是地、人盤。

天、地、人盤，絕非上、中、下格命之分，切勿誤會。

天、地、人盤之訂立，只是前人依據經驗而訂出來的起盤程式。

一般而言，一百人中，有九十多人是天盤為命，只有六個人左右是屬於地、人盤。

地、人盤中，尤以人盤更佔少數。

由對方命盤的徵驗，便可作為定盤依據了。

但徵驗只可作為主要的參考，實際上的推斷，還要再看結構組合。

例如，命無正曜，左輔獨守。

徵驗多為左撇子，為極專門鑽研的人，或二姓延生之應。

假如其人並無這些徵驗，亦不可以否定這個盤。

否則，便陷入了天生注定如是、不可改變定律中。即是陷入了學院派、堆砌命盤派的窠臼裡。

左輔守命，也可表彰其人思想偏執，好爭拗，凡事執著等。

徵驗會隨著社會的需要，而有不同面目的改變。

因此，斗數的徵驗有其靈活的變通性，非一成不變。

如巨日居夫妻宮，再會天馬，古人認為是與異族通婚之徵驗。

但亦不一定，可能是娶或嫁一個以教書為業的老師而已。

故此，徵驗亦如易象之引伸，象也者，像也。

由徵驗之基本類象為基礎，再由此去引伸、變化、演繹，便是用《易經》「象義」的心法，應用於紫微斗數中。

因此，斗數的推演，不同的社會、不同的年代與不同的地域、文化，便會有不同的變化。

徵驗為基本，但由基本象義引伸出來的意義，便甚有變化，並非絕對！

剖腹產子

剖腹產子，是近年娛樂圈、名媛紛紛採用之法。若輩認為用術數計算好一個八字好的時刻出生，便能使自己的子女擁有美好的未來。

這樣的想法，據筆者徵驗，頗難如願。剖腹產子，其實還是由上天注定的。

多年前，曾為朋友挑選一個最佳的八字，對方是高級護士，已聯絡好有名的醫生和痲醉師。

豈知卻早了一個月便胎動，結果還是早產。

數年前，為一位徒弟擇時辰作剖腹產子，原因是該徒弟子的子女宮重煞，容易夭折。

結果，在預定的時辰出世。豈知一看相格，其氣質與形神，俱不屬於原來的命盤所有的，竟變成刑煞交疊的人盤！

不久筆者移民海外。數年後，傳來該小童因車禍喪生之消息！而且還是其父親不小心倒車壓死的……。

年前，又為另一弟子擇時辰產子，豈知弄了半天，麻醉藥不生效。

結果，遲了個多小時，才順利誕下，還是誤了吉時……。

筆者還遇過醫生塞車誤延手術、麻醉師遲到、胎兒情況不穩定要催生……。諸如此類的事，罄筆難書！

擇時辰來剖腹產子而成功的例子亦甚多。

只是成功與失敗的例子，半由人事半由天意！

假如父母親的子女宮很差，則生下來的子女不可能變得極好。充其量只是將不利的凶險，減至最輕最少而已。

剖腹而產子，首先要令母親有血光災，古代稱之為「刑」。否則皆以自然分娩為佳。

在八字論命，剖腹產子的八字跟自然分娩的相同。

以斗數論命亦同。都必須以實際的形格、性格、家庭背景、田宅資料、六親資料等去評論其人屬天地人那一個盤。

醫院記錄的出生時間，並非八字所指的生時。一定要由定盤去評定其人發生的事實，才可作準！

因此，剖腹產子只是很理想的理論！

在實際論命時，仍以定盤所顯示的徵應作準的。

身宮的秘密

斗數中，身宮是一個神秘的宮垣。前人未曾有人公開過身宮的作用。雪濤在此剖釋身宮的用法。

身宮，實在應該繼續保秘下去。因為身宮透露出一些秘密，極容易受心術不正的人利用，而做出些傷風敗德之事！

依安星法之規律，身宮必躔於命宮（子午二時）、福德宮、事業宮、遷移宮、財帛宮和夫妻宮等。

有人說身宮入夫妻宮，其人配偶的影響力甚大。這個講法，錯。

假如身宮是夫妻宮，而其人是火鈴夾福德宮兼有化忌，那麼是身宮影響大，或是福德宮的火鈴夾忌之力大？

又有人說身命主先天氣運，如命宮七殺，身宮破軍，便是無休止的衝鋒陷陣……。這樣講，又錯。命宮的星，必與身宮的星系相同，這樣，命宮與身宮便變得毫無意義了。

又有人認為命宮好，而身宮不吉，則大打折扣。

這亦無稽，因為命宮之星系，與身宮之星系必屬一樣，命宮好，身宮焉會不好？

這樣的論斷是缺乏星系之常識。

安星訣中，其實有透露出一個暗號——

命宮起子，天才順。

身宮起子，天壽當。

天才，主聰慧，有發揮才華的機會。

天壽，主老套，連面目、衣飾，都較老套。

還不明白？

身宮，其實是察看一個人的外貌、氣質，乃至身體各個部位的暗痣、傷痕。

一個斗數高手，可以看出其人陽具長。

其人龜頭有痣。

其人睪丸有痣。

其人身有暗痣，且痣上有毛。

又可看出左乳有痣，痣色屬青。

又可看出其人做愛會叫床。

又可看出其人性慾強，不做愛便會自瀆。

又可看出其人做愛力不從心。

又可看出其人左肩有傷痕。

又可看出其人色盲，而色盲分不清的顏色是青色……

這樣的秘密，由斗數盤中可以看出來，焉能洩秘以遭天譴？

因此，身宮的作用，仍須繼續守秘！

跋

紫微闡微錄之《課堂講記》原為內部資料，僅限門人私藏研究。

由於筆者不喜聚衆，僅隨緣錄取有限的門人，數年以來，僅在私下稍稍傳藝而已。

雖然筆者已頗低調，但每日仍有電話從各地打來查問斗數與風水的疑惑。

加上電郵的查問和來函的信件，多得實在吃不消。

唯有選取具誠意的和急切需要協助的予以回覆，其餘的信函實在無法兼顧。

在此，請明白本人真的分身不暇了，對未能回覆的讀者，深感抱歉。

由眾多的來函中，筆者發覺：許多讀者都是自學，或未得進入真正術數門徑者居多。

加上授課期間，眾徒兒對筆者在加拿大教授的內容深感興趣，一致認為可以溫故知新，故應該整理一些課堂授學之紀錄。

其實，《課堂講記》是筆者在加拿大的講課內容，屬於初級班的層次。

對於初基入門的斗數愛好者而言，部份資料可能略深，且有些內容從來未有書本透露過。是筆者的心得傳授，彌足珍貴。

此《課堂講記》最初由學生在上課期間獨力紀錄而成，錯別字頗多，內容亦欠貫連，是以交由香港的弟子再整理，務求貫通文義，如是而已。

由於筆者行蹤不定，亦喜四出觀光淘書，衆門人每苦於學習艱難，為使徒衆能多讀有用的書，因此，遂有這本作為「內部資料」之《課堂講記》的誕生，希望未能隨筆者研習斗數的人士，也能細閱是書，從中揣摩筆者授課的內容，並能有所啟發，是為所盼。

壬午生朝日陳雪濤跋於香江悟微堂

太陽 ▲文曲 陀羅 天廚 血蠱 三台 五鬼 喝散 騰蛇 地煞 官符 華蓋 力士 乙巳	破軍 祿存 桃花 死符 小耗 劫煞 博士 丙午	天機(科) ▲擎羊 天赦 月空 地解 五墓 豹尾 歲破 災煞 官府 丁未	紫微 天府 天厄 六害 天旺 天符 紅豔 龍德 天煞 伏兵 戊申
武曲 勾神 卒暴 貫索 息神 青龍 甲辰	香港地運盤 1997 丁丑年 例一		太陰(祿) 天雄 白虎 天醫 青龍 金匱 白虎 指背 大耗 己酉
天同(權) 旁空 囚獄 地財 喪門 歲驛 小耗 癸卯			貪狼 國印 福德 披麻 三刑 陰煞 天德 咸池 病符 庚戌
七殺 天財 截空 玉堂 天牢 勾陳 晦氣 攀鞍 將軍 壬寅	天梁 爵星 伏屍 劍鋒 三丘 黃幡 的煞 朱雀 歲建 將星 奏書 癸丑	廉貞 天相 天恩 玄武 病符 亡神 飛廉 壬子	巨門(忌) 飛刃 唐符 殺刃 浮沉 天解 神解 八座 天德 血刃 天狗 天賊 吊客 月煞 喜神 辛亥

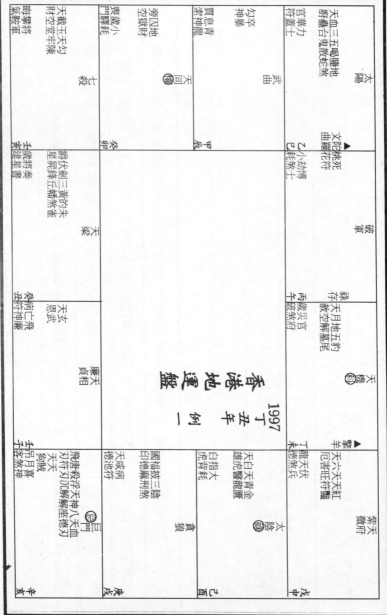

武曲 破軍 ▲陀羅 天刑 天巫 地空 地劫 天廚 旬空 破碎 白虎 指背 官府 16--25 臨官 父母 乙巳	太陽 祿存 紅鸞 咸池 天德 咸池 博士 26--35 帝旺 福德 丙午	天府 ▲擎羊 三台 八座 寡宿 吊客 月煞 力士 36--45 衰 田宅 丁未	太陰(祿) 天機(科) 封誥 病符 亡神 青龍 46--55 病 事業 戊申
天同(權) ▲鈴星 文昌 天貴 解神 旬空 龍德 龍德 天煞 伏兵 6--15 冠帶 命宮 身宮 甲辰	1957 丁酉年九月廿日午時 余綺霞 例二 2002 壬午四十六歲 現行戊申大運 命主 文曲 身主 天同 年命 八白 陰女 天盤 火六		貪狼 紫微 ▲火星 天鉞 天姚 天哭 天傷 歲建 將星 小耗 56--65 死 奴僕 己酉
天虛 截空 歲破 災煞 大耗 116--125 沐浴 兄弟 癸卯			巨門(忌) 文曲 恩光 陰煞 天空 晦氣 攀鞍 將軍 66--75 墓 遷移 庚戌
右弼 天月 天官 截空 劫殺 大耗 月德 小耗 劫煞 病符 106--115 長生 夫妻 壬寅	七殺 廉貞 龍池 鳳閣 華蓋 年解 天才 天壽 官符 華蓋 喜神 96--105 養 子女 癸丑	天梁 左輔 台輔 天喜 貫索 息神 飛廉 86--95 胎 財帛 壬子	天相 天馬 天魁 天福 孤辰 蜚廉 天使 喪門 歲驛 奏書 76--85 絕 疾厄 辛亥

天相 劫殺 孤辰 天喜 天空 天廚 八座 小耗 劫煞 晦氣 66--75 臨官 己巳 遷移 身宮	天梁 天使 年解 蜚廉 鳳閣 將軍 災煞 喪門 76--85 帝旺 庚午 疾厄	七殺 廉貞 (祿) ▲鈴星 天鉞 天官 天姚 奏書 天煞 貫索 86--95 衰 辛未 財帛	龍池 截空 地劫 飛廉 指背 官符 96--105 病 壬申 子女
巨門 右弼 天傷 華蓋 青龍 華蓋 歲建 56--65 冠帶 戊辰 奴僕	1904 甲辰年七月十二日酉時 鄧小平　例三 2002 壬午九十九歲 現行任申大運 命主 廉貞 身主 文昌 年命 六白 陽男 天盤 火六		天壽 月德 咸池 截空 天福 三台 喜神 咸池 小耗 106--115 死 癸酉 夫妻
貪狼 紫微 ▲擎羊 天才 旬空 台輔 天刑 力士 息神 病符 46--55 沐浴 丁卯 事業			天同 左輔 天虛 病符 月煞 歲破 116--125 墓 甲戌 兄弟
太陰 天機 天馬 祿存 天哭 旬空 地空 陰煞 天巫 解神 博士 歲驛 弔客 36--45 長生 丙寅 田宅	天府 ▲陀羅 天魁 文昌 文曲 破碎 寡宿 官府 攀鞍 天德 26--35 養 丁丑 福德	太陽 (忌) 伏兵 將星 白虎 16--25 胎 丙子 父母	破軍 (權) 武曲 (科) ▲火星 大耗 龍德 紅鸞 封誥 天月 天貴 恩光 大耗 亡神 龍德 6--15 絕 乙亥 命宮

陳雪濤作品

1. 天機妙訣　聚賢館出版
2. 星運佈局　聚賢館出版
3. 安星訣與星情秘法　鼎大圖書公司
4. 夫妻宮秘傳真訣　武陵出版社
5. 天元五歌之陽宅篇闡微　武陵出版社
   陽宅心要　武陵出版社（二〇〇二年年中出版）
6. 山居手記　武陵出版社
7. 課堂講記　武陵出版社

※郵購系列書目　港幣定價港澳地區郵購另加　海外各地郵購另加

玄空斗數學會
香港渣甸山大坑徑七號高景大廈16A室　或
FENG SHUI AND ZEWEI ASTROLOGY ASSOCIATION
P.O. BOX 868, 3517 KENNEDY ROAD, UNIT 2, SCARBOR-
OUGH, ONTARIO, CANADA
MIV 4Y3
聯絡地址及電話：
加拿大(416)4024219　香港：(852)23450317
手提電話(852)91226412　傳真：(852)25910852
亦可瀏覽網址：http://www.zewei.com
E-mail:info @ zewei.com

紫微斗數叢書

紫微斗數叢書

△紫微八字批命實例／王士文
以易數爲骨架・以斗象爲表徵
平裝／25開／216頁／200元

△道家紫微斗數精義／張詠銘
斗數賦文詳解・新解
平裝／25開／224頁／200元

△紫微斗數（白話本）／佐藤文琴
透派秘本無師自通
平裝／25開／312頁／120元

△紫微斗數四化實證／郭文嘉
星曜特性及四化對全局的影響
平裝／25開／304頁／250元

△紫微斗數導讀入門篇／懺悔居士陳世興
易學紫微斗數進階必備入門寶典
平裝／25開／272頁／200元

△飛星紫微斗數／白鈍僧
以陳希夷的兩種紫微斗數爲藍本參以經驗
平裝／50開／304頁／200元

△紫微斗數問事一秒鐘速判千金訣／明微居士
神奇快速的斷事訣要
平裝／25開／192頁／200元

△斗數四化深入／謝武藤
斗數用神爲四化星逢四化見吉凶
平裝／25開／328頁／280元

△紫微斗數入門／鮑黎明
無論婚姻、事業、財運、健康100%命中
平裝／25開／208頁／160元

△高段紫微斗數玄機／張寶丹
瞭解命理定津，掌握命運契機
平裝／25開／240頁／200元

△紫微斗數全書／陳希夷
學紫微斗數必備工具書
平裝／25開／232頁／200元

△斗數秘儀今論／洪　陵
集各家論命之精華
平裝／25開／272頁／200元

紫微斗數叢書

△斗數直徑／楊雲翔
學習斗數致用之最捷途徑
平裝／25開／224頁／150元

△開館人紫微斗數①／方外人
斗數高人廿年論命心得大披露
平裝／25開／480頁／280元

△開館人紫微斗數②／方外人
斗數高人廿年論命心得大披露
平裝／25開／472頁／280元

△紫微隨筆〔元集〕／鐘義明
破解斗數疑難・闡發斗數眞義
平裝／25開／424頁／280元

△紫微隨筆〔亨集〕／鐘義明
破譯斗數疑難・闡發斗數眞義
平裝／25開／496頁／300元

△紫微隨筆〔利集〕／鐘義明
星盤分富貴窮通・運限判吉凶休咎
平裝／25開／456頁／300元

△紫微隨筆〔貞集〕／鐘義明
星盤分富貴窮通・運限判吉凶休咎
平裝／25開／454頁／300元

△紫微眞言導引／陳啓詮
著重星情、格局、四化、大限、流年之運用
平裝／25開／264頁／200元

△道傳飛星紫微斗數入門／陳慧明
事業決策、財運掌握、官運陞遷
平裝／25開／200頁／200元

△紫微斗數流年秘斷／斗星居士
論斷運數預知前途
平裝／25開／296頁／200元

△紫微斗數看法要訣／林義章
論一時之得失，定一生之榮枯
平裝／25開／248頁／200元

△諸星問答論／陳慧明
讓你學得正確的觀念，在斷命時更得心應手
平裝／25開／264頁／200元

國立中央圖書館出版品預行編目資料

紫微闡微錄之課堂講記／陳雪濤著.--一版
.--臺北市：武陵，2002〔民91〕'
面；　公分
ISBN 957-35-1209-2(平裝)

1.命書

293.1　　　　　91007135

紫微闡微錄之課堂講記

著　　者　陳雪濤
發 行 人　林輝慶
出 版 者　武陵出版有限公司
社　　址　台北市新生南路三段十九巷十九號
電　　話　(02)23638329・23630730
傳眞號碼　(02)23621183
郵撥帳號　0105063-5
E－mail　woolin@ms16.hinet.net
網　　址　http：//www.woolin.com.tw
法律顧問　王昧爽律師
印 刷 者　名發美術印刷有限公司
裝 訂 者　忠信裝訂廠
登 記 證　局版臺業字第1128號
一版一刷　2002年6月
定　　價　450元
缺頁或裝訂錯誤可隨時更換

ISBN 957-35-1209-2